湖南省职业教育优秀教材
"校企双元合作"开发教材
"互联网+"理实一体化教材
全国铁路职业教育教学指导委员会钢轨探伤专题会议审定教材

钢轨探伤习题集与报告册

马占生　秦立朝　赵长波　郭　庆　编著

西南交通大学出版社
·成　都·

图书在版编目（CIP）数据

钢轨探伤习题集与报告册 / 马占生等编著. —成都：
西南交通大学出版社，2019.8（2023.2 重印）
　高等职业教育"十三五"规划教材
　ISBN 978-7-5643-7100-5

　Ⅰ. ①钢… Ⅱ. ①马… Ⅲ. ①钢轨－探伤－高等职业
教育－习题集 Ⅳ. ①U213.4-44

　中国版本图书馆 CIP 数据核字（2019）第 184382 号

高等职业教育"十三五"规划教材

Ganggui Tanshang Xitiji yu Baogaoce

钢轨探伤习题集与报告册

马占生　秦立朝　赵长波　郭 庆　编著

责任编辑	何明飞
封面设计	吴　兵

出版发行	西南交通大学出版社
	（四川省成都市金牛区二环路北一段 111 号
	西南交通大学创新大厦 21 楼）
邮政编码	610031
发行部电话	028-87600564　028-87600533
网址	http://www.xnjdcbs.com
印刷	成都蜀雅印务有限公司

成品尺寸	185 mm × 260 mm
印张	12
字数	296 千
版次	2019 年 8 月第 1 版
印次	2023 年 2 月第 3 次
定价	29.00 元
书号	ISBN 978-7-5643-7100-5

课件咨询电话：028-81435775
图书如有印装质量问题　本社负责退换
版权所有　盗版必究　举报电话：028-87600562

前 言

《钢轨探伤习题集与报告册》是《无损检测之钢轨探伤》教材的配套丛书。通过本书的练习使学生巩固所学的理论知识并对实作技能进行强化。

全书共设置十三个项目，每个项目中包含选择题、填空题、判断题、简答题以及实训报告和任务报告等。本书由湖南高速铁路职业技术学院马占生、秦立朝、赵长波、郭庆编著，在编写过程中得到了得到中国国家铁路集团有限公司广州局广州工务段郑双朝，衡阳工务段袁展、左沛星，惠州工务段陈胜，广州南高铁工务段李新平，娄底工务段吴成山，永州工务段张亮，湖南高速铁路职业技术学院铁道工程学院各位老师及各铁路局职工的大力支持，在此一并表示感谢。

由于编者水平有限，再加上时间仓促，书中疏漏、不妥之处在所难免，恳请广大读者批评指正。

编 者

2019 年 7 月

目 录

上篇 无损检测知识与技能

项目一 常规技术检测工件 ·· 2
 子项目一 磁粉探伤技术检测工件 ·· 2
 子项目二 渗透探伤技术检测工件 ·· 4
 子项目三 超声波探伤技术检测工件 ·· 6

项目二 超声波探伤原理及其验证 ·· 8
 子项目一 超声波的定义和产生及探头延时、前沿和 K 值的标定 ········· 8
 子项目二 超声波分类及不同种类波型探伤 ·· 12
 子项目三 超声波基础参数及横波和纵波声速测定 ···························· 14
 子项目四 超声波特征参数及 6 dB 法进行核伤定量 ·························· 17
 子项目五 超声场结构及主声轴偏斜角测试 ·· 19
 子项目六 超声波传播特性及绕射测试 ·· 21
 子项目七 超声波垂直入射异质界面及探头保护靴施加耦合剂方法 ··· 23
 子项目八 超声波斜入射至异质界面及临界角内不同波形识别 ········· 26
 子项目九 超声波声压公式及焊缝 DAC 曲线制作 ······························ 28
 子项目十 常见异常波形分析及演示 ·· 30

中篇 钢轨探伤常规知识与技能

项目三 钢轨探伤的必要性及其发展历程 ·· 32
 子项目一 回顾钢轨折断引发的铁路安全事故 ···································· 32
 子项目二 钢轨探伤发展历程 ·· 33

项目四 手工检查技术检测钢轨 ·· 35
 子项目一 手工检查技术检测普通钢轨 ·· 35
 子项目二 手工检查技术检测道岔钢轨 ·· 38

项目五 通用探伤仪检测焊缝 ·· 40
 子项目一 铝热焊焊接工艺学习及伤损识别 ·· 40

子项目二　闪光焊焊接工艺学习及伤损识别 43
　　子项目三　气压焊焊接工艺学习及伤损识别 45
　　子项目四　认识通用探伤仪器 47
　　子项目五　利用单/双探头检测轨头焊缝 49
　　子项目六　利用单/双探头检测轨腰焊缝 54
　　子项目七　利用单/双探头检测轨底焊缝 59

项目六　钢轨探伤仪检测钢轨 63
　　子项目一　认识钢轨探伤仪 63
　　子项目二　钢轨探伤仪参数调整与演练 66
　　子项目三　钢轨探伤正常波形及图像识读与演练 69
　　子项目四　轨头核伤波形及图像识读与演练 71
　　子项目五　螺孔裂纹波形及图像识读与演练 74
　　子项目六　轨底横向裂纹波形及图像识读与演练 78
　　子项目七　水平裂纹和斜裂纹波形及图像识读与演练 80
　　子项目八　纵向裂纹波形及图像识读与演练 82

项目七　大型钢轨探伤车检测钢轨 84
　　子项目一　认识大型钢轨探伤车 84
　　子项目二　大型钢轨探伤车调试与演练 85
　　子项目三　大型钢轨探伤车轮探头维修与演练 86
　　子项目四　大型钢轨探伤车检测数据分析与演练 87

项目八　双轨探伤仪检测钢轨 88
　　子项目一　认识双轨探伤小车硬件结构 88
　　子项目二　认识双轨探伤小车探伤界面 91
　　子项目三　标定各通道的探头 93
　　子项目四　双轨探伤小车典型伤损图谱识读与演练 97
　　子项目五　排除常见故障 101
　　子项目六　双轨小车的日常维护与演练 102

项目九　利用回放软件发现伤损 104
　　子项目一　GT-2+型探伤仪数据回放软件使用 104
　　子项目二　GCT-8C型探伤仪数据回放软件使用 106
　　子项目三　JGT-10型探伤仪数据回放软件使用 108
　　子项目四　双轨小车数据回放软件使用 110
　　子项目五　大型钢轨探伤车数据回放软件使用 112

项目十　钢轨探伤管理标准化作业 114
　　子项目一　分析钢轨探伤漏检因素 114

子项目二　钢轨探伤管理模式 ………………………………………………………… 115
　　子项目三　焊缝探伤标准化作业 ………………………………………………………… 116
　　子项目四　钢轨探伤仪标准化作业 ……………………………………………………… 118
　　子项目五　道岔钢轨探伤标准化作业 …………………………………………………… 120
　　子项目六　数据回放标准化作业 ………………………………………………………… 122
　　子项目七　钢轨探伤安全管理 …………………………………………………………… 124
　　子项目八　双轨探伤仪标准化作业 ……………………………………………………… 126
　　子项目九　大型钢轨探伤车标准化作业 ………………………………………………… 128

下篇　钢轨探伤新知识与新技能

项目十一　阵列式探伤仪检测焊缝 …………………………………………………………… 130
　　子项目一　认识阵列式探伤仪器 ………………………………………………………… 130
　　子项目二　阵列式扫查轨腰焊缝 ………………………………………………………… 132
　　子项目三　阵列式扫查轨头和轨底焊缝 ………………………………………………… 134

项目十二　相控阵设备检测焊缝 ……………………………………………………………… 137
　　子项目一　超声相控阵技术 ……………………………………………………………… 137
　　子项目二　认识超声相控阵仪器 ………………………………………………………… 138
　　子项目三　超声相控阵仪器参数设置与标定 …………………………………………… 141
　　子项目四　相控阵仪器检测焊缝作业 …………………………………………………… 144

项目十三　涡流设备检测焊缝 ………………………………………………………………… 149
　　子项目一　涡流探伤技术 ………………………………………………………………… 149
　　子项目二　认识涡流探伤仪器 …………………………………………………………… 151
　　子项目三　涡流探伤设备参数设置与演练 ……………………………………………… 154
　　子项目四　涡流设备检测焊缝作业 ……………………………………………………… 155

附录一　钢轨探伤中级工技能鉴定理论考核试卷 …………………………………………… 158
附录二　钢轨探伤高级工技能鉴定理论考核试卷 …………………………………………… 165
附录三　钢轨探伤工技师技能鉴定理论考核试卷 …………………………………………… 169
附录四　技能鉴定钢轨探伤工高级技师理论考核试卷 ……………………………………… 172
附录五　钢轨母材探伤技能鉴定实操考核 …………………………………………………… 175
附录六　技能鉴定钢轨核伤校对实操考核 …………………………………………………… 178
附录七　技能鉴定焊缝单探头探伤实操考核 ………………………………………………… 181
参考文献 ………………………………………………………………………………………… 183

上 篇

无损检测知识与技能

项目一　常规技术检测工件

子项目一　磁粉探伤技术检测工件

一、知识点练习

（1）磁铁的磁场强弱可以用_____来描述，条形磁铁_____处磁感应线密集，磁场强度强。

（2）磁粉：经过加工达到一定晶粒大小要求的铁粉，化学名称叫_____。一般磁粉探伤湿法采用250目以上即可。

（3）荧光磁粉：在普通磁粉外加添一种化学物质，通常叫荧光辉度剂，加添后在照射下能发出荧光光亮，可增加探伤灵敏度，方便观察。

（4）_____：就是铁磁性材料磁化后，在不连续处或磁路的截面变化处，磁感应线离开和进入表面时形成的磁场。

（5）磁痕对缺陷宽度具有_____作用，能将目视不可见的缺陷变成目视可见的磁痕使之容易观察。

（6）磁粉探伤的缺点：只能用于检测_____材料，不能检测奥氏体不锈钢材料和用奥氏体不锈钢焊条焊接的焊缝，也不能检测铜、铝、镁、钛等非磁性材料。

（7）磁粉探伤的缺点：只能发现_____和_____缺陷。

（8）磁粉探伤的缺点：对缺陷方向性敏感，缺陷_____于磁场方向，漏磁场最大，也最有利于缺陷的检出。

（9）磁粉探伤的缺点：能知道缺陷的位置和表面长度，但不知道缺陷的_____。

（10）磁粉探伤调试灵敏度：试片的使用方法、粘贴方法，先洗净试片防锈油，将试片_____的一面紧贴于清洁的被检查工件表面，用胶带贴紧，但不得盖住试片的槽部，两磁轭间距调整至_____mm，接通电源后将磁轭挡在试片两端，看其槽部磁痕聚集情况。

（11）提升力测试：根据规范，用试块进行提升力检验，要求至少能提起_____N即4.59 kg的试块。

（12）磁粉探伤：两磁轭间距调整至_____mm，磁粉探伤机通电后，磁轭在钢轨表面做_____形运动，并在其表面喷洒磁粉，慢走自看，速度不能超过_____m/min，观察磁轭之间是否有磁粉聚集（磁痕）。

二、磁粉探伤技术检测工件实训报告

1. 基本信息

日期：_____年_____月_____日　　　　天气：_____

班级：_____　　　　姓名：_____

组别：_____　　　　实训地点：_____

2. 实训的意义

3. 实训设备及备品

4. 实训步骤

5. 伤损信息

6. 考核评价

子项目二 渗透探伤技术检测工件

一、知识点练习

1. 填空题

（1）渗透探伤需要的三种制剂，分别为_____、_____、_____。

（2）渗透剂又有含有荧光染料和_____染料两种，荧光染料在紫外线（黑光）的照射下会产生_____。

（3）将试件浸渍于渗透液中或用喷雾器或刷子将渗透液涂在试件表面，经过一定时间，在毛细管作用下，渗透液可以渗入表面开口的缺陷中，此过程叫_____。

（4）渗透探伤的缺点：只能检测_____的缺陷。

（5）渗透灵敏度调试：每次去现场进行渗透探伤前，先将渗透剂喷在_____试块上，观察自然裂纹、辐射状裂纹显示情况，如果和复制品或照片一致，则可认为检验材料和检验灵敏度达到要求。

（6）被检物的表面温度、渗透温度一般控制在 15~50℃，渗透时间为_____min。

（7）溶剂清洗型渗透液的去除方法是先用干布擦，然后再用沾有_____的布擦，要顺一个方向进行，不许冲洗，因为流动的溶剂会冲掉缺陷中的渗透液。

（8）显像时间不能太长，否则缺陷显示会变模糊，为发现细微的缺陷，显像_____min左右，用肉眼或借助于放大镜观察显示图像。

2. 选择题

（1）荧光染料在紫外线（黑光）的照射下会产生（　　）色。
　　A. 黄绿　　　　　B. 红　　　　　　C. 蓝　　　　　　D. 紫

（2）渗透探伤的英文缩写为（　　）。
　　A. RT　　　　　　B. PT　　　　　　C. MT　　　　　　D. ET

（3）渗透探伤方法能检测工件（　　）缺陷。
　　A. 表面　　　　　B. 表面和近表面　C. 内部　　　　　D. 表面开口

（4）渗透探伤是利用（　　）实现的。
　　A. 电磁感应原理　B. 直角反射原理
　　C. 惠更斯原理　　D. 毛细作用原理

（5）以下不属于渗透探伤的制剂是（　　）。
　　A. 耦合剂　　　　B. 渗透剂　　　　C. 清洗剂　　　　D. 显像剂

（6）渗透探伤不能确定缺陷的（　　）。
　　A. 位置　　　　　B. 大小　　　　　C. 深度　　　　　D. 形状

二、渗透探伤技术检测工件实训报告

1. 基本信息

   日期：_____年____月____日　　　　天气：_____

   班级：_____　　　　姓名：_____

   组别：_____　　　　实训地点：_____

2. 实训的意义

3. 实训设备及备品

4. 实训步骤

5. 伤损信息

6. 考核评价

子项目三　超声波探伤技术检测工件

一、知识点练习

1. 填空题

（1）根据探头扫查方式及屏幕显示方式的不同，常分为_____显示、_____显示、C 型扫查、S 型扫查（扇形扫查）等类型。

（2）A 型显示是以水平基线（X 轴）表示_____或时间，用垂直于基线（Y 轴）表示超声波_____的一种信号显示方式。

（3）直探头 A 型显示探伤原理：接通直探头和仪器，开机后屏幕左侧产生_____波，将探头放置在工件表面，超声波垂直进入到工件内部，传播过程中没有遇到任何缺陷，超声波会打到底面，超声波按照原路返回，被探头所接收到，探头将超声波转变成电信号传给仪器，显示屏上产生_____波，一般始波和底波之间的间距即为工件的_____。

（4）斜探头 A 型显示探伤原理：当出现伤波深度数据大于一倍工件高度并且小于两倍工件高度时，说明是____次波发现的伤损。

（5）_____型显示是以显示被检工件的纵断面图像，指示反射体的大致尺寸及其相对位置的超声信息显示方法。显示屏上横坐标表示_____，纵坐标表示声波_____或时间。

（6）_____型显示是以显示整个体积内缺陷或界面的顶视图像，指示缺陷位置和大小的超声信息显示方法。

（7）超声波探伤的优点：_____、_____、_____、_____、_____。

（8）超声波探伤的缺点：_____、_____、_____、_____、_____。

2. 选择题

（1）超声波探伤的英文缩写为（　　）。
　　A. RT　　　　B. PT　　　　C. MT　　　　D. UT

（2）信号幅度与超声波传播时间以直角坐标形式表示的显示方式，称为（　　）。
　　A. A 型显示　　　　　　　B. B 型显示
　　C. C 型显示　　　　　　　D. X-Y 记录仪显示

（3）超声波探伤能探出工件（　　）的缺陷。
　　A. 表面　　　　　　　　　B. 近表面
　　C. 内部　　　　　　　　　D. 内部和表面各种取向

（4）以平面视图显示或描记缺陷的显示方式，称为（　　）。
　　A. C 型显示　　　　　　　B. A 型显示
　　C. X 轴图表记录　　　　D. 带状图表记录

（5）显示试件横截面表示超声波探伤结果的方法称为（　　）。

  A. A 型显示   B. B 型显示
  C. C 型显示   D. X-Y 记录仪显示

（6）以下哪一项不是超声波探伤的优点（   ）。
  A. 定量精度好   B. 指向性好
  C. 穿透力强   D. 灵敏度高

二、超声波探伤技术检测工件实训报告

1. 基本信息

日期：_____年_____月_____日   天气：_____

班级：_____   姓名：_____

组别：_____   实训地点：_____

2. 实训的意义

3. 实训设备及备品

4. 实训步骤

5. 伤损信息

6. 考核评价

项目二　超声波探伤原理及其验证

子项目一　超声波的定义和产生及探头延时、前沿和 K 值的标定

一、知识点练习

（1）机械振动在介质中的传播称为机械波，机械波形成的条件：_____和_____。

（2）声波按照频率的不同可以分成_____、_____、_____三类。

（3）声波，按照频率的不同可以分成次声波、可闻声波、超声波三类：

声波类型	次声波	可闻声波	超声波
频率	$f<$_____	_____$\leq f \leq$_____	$f>$_____

（4）在超声探伤中应用最多的是利用某些单晶体或多晶陶瓷声电、电声转换效应——压电效应来获得超声波，包括_____和_____。

（5）可以理解为晶体材料接收到超声波的压力（机械能）将其转化为电信号（电能），是_____超声波的过程。

（6）_____效应可以理解为晶体材料收到电流激发而机械振动，振动的频率大于 20 kHz，是发送超声波的过程，是电能转化为机械能的过程。

（7）具有压电效应的晶体材料分为_____材料和_____材料。

（8）当施加的电场方向与极化方向平行时，陶瓷向外发送_____波；当施加的电场方向与极化方向垂直时，陶瓷向外发送_____波。

（9）具有压电效应的晶体称为压电晶体，为了便于生产，压电晶体一般被切割和研磨成小的薄片，称为_____。

（10）晶片厚度 T 为其传播波长_____时，外加的交变电压的频率与晶片的固有频率一致，此时产生共振，晶片的中心为共振的驻点，晶片厚度方向的两个面振幅最大，产生的超声波最强。

（11）压电应变常数 d33 是衡量压电晶体材料发射性能的重要参数。其值大，_____性能好，所以一般要求晶片的 d33 值大些。

（12）压电电压常数 g33 是衡量压电晶体材料接收性能的重要参数。其值大，_____性能好，接收灵敏度高，所以一般要求晶片的 g33 值大些。

（13）_____能使晶片背面干扰声能迅速耗散，降低探头本身的杂乱的信号。

（14）为使探头与工件接触移动中不损坏晶片，常在晶片前面附一层_____。

（15）保护膜分为＿＿＿＿＿＿和＿＿＿＿＿＿。

（16）为降低斜楔内返回晶片的声能，常在斜楔块前端和上部制成齿状的＿＿＿＿＿＿，以减少楔块内反射造成的杂波干扰。

（17）钢轨探伤小车使用的探头保护靴一般选用＿＿＿＿＿＿材料。

（18）双晶片探头中为使接收晶片和发射晶片在声路上分割开来，在两片晶片之间夹一吸声性强的隔片，该隔片称为＿＿＿＿＿＿。

（19）探头的使用注意事项：插拔探头均应在＿＿＿＿＿＿下进行，否则，会导致探头快速老化，甚至会因电流多次瞬间导通而烧坏探头内的线材和芯片等。

（20）直探头命名：如 2.5P20，"2.5"基本频率为＿＿＿＿＿＿，"P"压电材料为＿＿＿＿＿＿，"20"圆形压电晶片，＿＿＿＿＿＿为 20 mm。

（21）斜探头命名：2.5B10×10K1，"2.5"基本频率为 2.5 MHz，"B"钛酸钡陶瓷，"10×10"方形压电晶片，＿＿＿＿＿＿为 10 mm×10 mm，"K1"斜探头＿＿＿＿＿＿等于 1（折射角的正切值）。

（22）表面波探头命名：2.5P10×10　62°，"2.5"基本频率为 2.5 MHz，"P"压电材料为锆钛酸铅陶瓷，"10×10"方形压电晶片，边长×边长为 10 mm×10 mm，"62°"有机玻璃内的＿＿＿＿＿＿。

二、直探头延时标定实训报告

1. 基本信息

   日期：＿＿＿＿年＿＿＿月＿＿＿日　　　天气：＿＿＿＿＿＿＿＿＿

   班级：＿＿＿＿＿＿＿＿＿＿＿＿＿　　　姓名：＿＿＿＿＿＿＿＿＿

   组别：＿＿＿＿＿＿＿＿＿＿＿＿＿　　　实训地点：＿＿＿＿＿＿＿

2. 实训的意义

3. 实训设备及备品

4. 实训步骤

5. 数据

6. 考核评价

三、斜探头延时、前沿标定实训报告

1. 基本信息

   日期：_____年_____月_____日　　　　天气：_____

   班级：_____　　　　姓名：_____

   组别：_____　　　　实训地点：_____

2. 实训的意义

3. 实训设备及备品

4. 实训步骤

5. 数据

6. 考核评价

四、斜探头 K 值标定实训报告

1. 基本信息

日期：_____年____月____日　　　　天气：_____

班级：_____　　姓名：_____

组别：_____　　实训地点：_____

2. 实训的意义

3. 实训设备及备品

4. 实训步骤

5. 数据

6. 考核评价

子项目二 超声波分类及不同种类波型探伤

一、知识点练习

1. 填空题

（1）根据波动传播时介质质点（可以理解为介质中的分子）的振动方向与波的传播方向不同，可将超声波分为_____、_____、表面波、板波等。

（2）纵波 L：介质中质点的振动方向与波的传播方向互相_____的波，又称为压缩波或_____，传播介质为_____、液体、气体介质，钢轨探伤中_____探头就是利用纵波在检测钢轨。

（3）横波 S（T）：介质中质点的振动方向与波的传播方向互相_____的波，又称为剪切波或_____，横波只能在_____介质中传播，37°和_____探头就是利用横波在检测钢轨。

（4）当传播深度超过一倍波长时，波的能量降低到原来的 1/25，因此，一般认为，波探伤只能发现距工件表面一倍波长深度内的缺陷。

（5）根据波源振动持续时间的长短，超声波可分为_____和_____两种。

（6）探伤用的超声波是一种_____波，是平面波和球面波的合成。

2. 选择题

（1）纵波又称为（　　）。
　　A. 压缩波　　　　　　　B. 剪切波
　　C. 瑞利波　　　　　　　D. 兰姆波

（2）横波又称为（　　）。
　　A. 疏密波　　　　　　　B. 切变波
　　C. 瑞利波　　　　　　　D. 兰姆波

（3）超声波探伤中按振动持续时间分类，广泛采用的是（　　）。
　　A. 连续波　　　　　　　B. 板波
　　C. 纵波　　　　　　　　D. 脉冲波

（4）以下波形中，可传递介质最广的是（　　）。
　　A. 板波　　　　　　　　B. 表面波
　　C. 横波　　　　　　　　D. 纵波

（5）表面波又称为（　　）。
　　A. 压缩波　　　　　　　B. 剪切波
　　C. 瑞利波　　　　　　　D. 兰姆波

（6）板波又称为（　　）。
A．压缩波　　　　　　B．剪切波
C．瑞利波　　　　　　D．兰姆波

二、不同种类波型探伤实训报告

1. 基本信息

日期：_____年____月____日　　　天气：_____

班级：_____　　　姓名：_____

组别：_____　　　实训地点：_____

2. 实训的意义

3. 实训设备及备品

4. 实训步骤

5. 心得体会

6. 考核评价

子项目三 超声波基础参数及横波和纵波声速测定

一、知识点练习

1. 填空题

（1）1 MHz=_____ kHz=_____ Hz，探伤中常用单位是_____。

（2）焊缝探伤中若为在役焊缝或铝热焊焊缝，频率要求大于等于_____MHz；若为新焊接触焊和气压焊焊缝组织较铝热焊更均匀细致，频率要求大于等于_____MHz；大型钢轨探伤车中除0°探头频率为_____MHz外，其余探头频率一般为2.25 MHz。

（3）实际上探头发射出的超声波并不是单一频率，而是由各种频率的正弦波叠加而成_____。

（4）重复频率会影响到_____，因为探头在移动的过程中，超声波信号是间断发射的，如果移动的速度过快，可能会造成探头划过某处缺陷时，反射回来的超声波还没达到探头，探头已经远离该处，造成漏检。

（5）过高的重复频率会导致发射和接收间的干扰，产生_____。

（6）同一波线上相邻两振动相位相同的质点间的距离称为_____，探伤中其常用单位为_____。

（7）声波在弹性介质中，单位时间内所传播的距离，也可称为_____。

（8）声速与介质的参数有关，与波的_____无关。

（9）同一种波型（纵波）在不同的介质中，$c_{固}$、$c_{液}$、$c_{气}$的大小关系为_____。

（10）同一介质不同波型，c_L、c_S、c_R大小关系为_____。

（11）当温度低于74℃时，水中声速随着温度的升高而_____，当温度高于74℃时，声速随着温度的升高而_____。

（12）对固体而言，声速随介质温度升高而_____，所以钢轨探伤中中午和早晚对同一个伤损进行定位，会有微小的误差。

（13）固体材料组织均匀性对声速的影响在铸铁中表面较为突出。铸铁表面冷却快，晶粒细，声速_____；中心冷却慢，晶粒粗，声速_____。

（14）常用材料的声速（见表2.3.1）。

表2-3-1 常用材料的声速

材料	声速/(km/s)		材料	声速/(km/s)	
	纵波	横波		纵波	横波
铝	6.3	3.13	水		—
钢			空气		—
有机玻璃			机油		—

（15）波长、声速和频率之间的关系式为_____。

2. 选择题

（1）以下哪个参数不是超声波的基本参数（　　　）。
　　A. 声压　　　　B. 频率　　　　C. 波长　　　　D. 声速
（2）钢轨探伤中探头工作频率的常用单位符号是（　　　）。
　　A. GHz　　　　B. MHz　　　　C. KHz　　　　D. Hz
（3）钢轨探伤仪的重复频率为（　　　）。
　　A. 500～600 Hz　　　　　　　B. 700～800 Hz
　　C. 800～900 Hz　　　　　　　D. 500～1 000 Hz
（4）探伤中波长的常用单位符号是（　　　）。
　　A. mm　　　　B. cm　　　　C. m　　　　D. km
（5）探伤中声速的常用单位符号是（　　　）。
　　A. m/s　　　　B. mm/s　　　　C. km/s　　　　D. dm/s
（6）波长、声速和频率之间的关系是（　　　）。
　　A. $\lambda = c \times f$　　　B. $\lambda = c/f$　　　C. $\lambda = c^2/f$　　　D. $\lambda = c/f^2$

二、直探头纵波声速标定实训报告

1. 基本信息
　　日期：_____年_____月_____日　　　　天气：_____
　　班级：_____　　　　姓名：_____
　　组别：_____　　　　实训地点：_____

2. 实训的意义

3. 实训设备及备品

4. 实训步骤

5. 数据

6. 考核评价

三、斜探头横波声速标定实训报告

1. 基本信息

   日期：_____年_____月_____日　　　　天气：_____

   班级：_____　　　　姓名：_____

   组别：_____　　　　实训地点：_____

2. 实训的意义

3. 实训设备及备品

4. 实训步骤

5. 数据

6. 考核评价

子项目四 超声波特征参数及 6 dB 法进行核伤定量

一、知识点练习

1. 填空题

（1）若仪器的垂直线性良好反射声压与回波高度之间成正比为_____。

（2）声阻抗数值上声阻抗等于介质密度（ρ）与声速（c）的_____。

（3）钢的声阻抗 $Z_{钢}$_____，空气的声阻抗 $Z_{空}$，两者相差上万倍。

（4）当 $\Delta = 6$ dB 时，H1 比 H2 高 6 dB，此时 H1 为 H2 的_____倍。

（5）当 $\Delta = -6$ dB 时，H1 比 H2 低 6 dB，此时 H1 为 H2 的_____。

（6）根据工艺标准利用试块或者某一结构构造物对 dB 值进行调整的过程，称为_____调整。

（7）当遇到长大伤损（伤损大小超过了声束宽度），可用_____法对其进行定量。

2. 选择题

（1）以下哪项不是超声场的特征参数（   ）。
    A. 声压　　　　　　　B. 声强
    C. 声阻抗　　　　　　D. 声能量

（2）若仪器的垂直线性良好，反射声压与回波高度之间成（   ）。
    A. 反比　　　　　　　B. 倒数
    C. 正比　　　　　　　D. 平方

（3）以下介质中声阻抗最大的是（   ）。
    A. 水　　　　　　　　B. 空气
    C. 钢　　　　　　　　D. 机油

（4）若两波高相差一半，则分贝差为（   ）。
    A. 4 dB　　　　　　　B. 6 dB
    C. 8 dB　　　　　　　D. 10 dB

二、6 dB 法进行核伤定量实训报告

1. 基本信息

   日期：_____年_____月_____日　　　天气：_____

   班级：_____　　　姓名：_____

   组别：_____　　　实训地点：_____

2. 实训的意义

3. 实训设备及备品

4. 实训步骤

5. 数据

6. 考核评价

子项目五　超声场结构及主声轴偏斜角测试

一、知识点练习

1. 填空题

（1）在远距离时，声压随着距离的增大而减少，但是在靠近声源附近时，由于波的干涉，出现了一系列声压极大值和极小值区域，这一区域称为_____。

（2）声源轴线上最后一个声压为 0 的距离为_____。

（3）探头发出的超声波能量并不均匀，主要集中在一个锥形区域内，此区域称为_____。

（4）主声束同一截面上各点声压并不相同，以轴线上声压最高，称为_____。

（5）主声束边缘声压为零，主声束以外的超声波能量很低，传播距离小，所以常在波源附近出现，称为_____。

（6）声场中非扩散的区域为近场长度（N）的_____倍。

（7）若晶片直径（D）越大或波长（λ）越短（频率越高），则指向角（θ）就越小，波束指向性就越好，超声波能量_____，探伤灵敏度_____，分辨率好，定位精确，不过近场长度（N）也将越大。

（8）横波声场在第二介质中依然有扩散性，但是两个扩散角（$\theta_上$、$\theta_下$）并不_____。

（9）为了实现超声波聚焦，要求 F_____N。

（10）若用 2.5P20 的直探头检测钢轨，求得 N 为_____、θ 为_____。

2. 选择题

（1）频率为 2.5 MHz 的直探头，近场区长度最大的探头尺寸是（　　）。
    A. $\phi 10$　　　　　　　　B. $\phi 15$
    C. $\phi 20$　　　　　　　　D. $\phi 25$

（2）以下是几个探头的指向角，指向性最好的是（　　）。
    A. 8°　　　　　　　　B. 10°
    C. 12°　　　　　　　D. 15°

（3）靠近探头的干涉区，常被称为（　　）。
    A. 近场区　　　　　　B. 声阻抗
    C. 指数场　　　　　　D. 相位区

（4）近场区以远的区域，称为（　　）。
    A. 超声场　　　　　　B. 远场区
    C. 绕射区　　　　　　D. 无声区

（5）以下说法正确的是（　　）

A. 指向角的大小只取决于探头工作频率

B. 指向角的大小与晶片的大小和探头工作频率无关

C. 指向角的大小取决于探头工作频率和晶片的大小

D. 指向角的大小只取决于晶片的大小

（6）用 $\theta = \arcsin(1.22\lambda/D)$ 算出的指向角适用于声轴声压 p_0 与声束边缘声压 p 的比（p/p_0）为（　　）。

A. 5% B. 90%

C. 0 D. 1%

二、主声轴偏斜角测试实训报告

1. 基本信息

日期：_____年_____月_____日　　　天气：_____

班级：_____　　　姓名：_____

组别：_____　　　实训地点：_____

2. 实训的意义

3. 实训设备及备品

4. 实训步骤

5. 数据

6. 考核评价

子项目六　超声波传播特性及绕射测试

一、知识点练习

1. 填空题

（1）两列频率和振动相同、相位差恒定的波相遇时，由于波的叠加作用，使某些地方振动始终互相加强，而另一些地方振动始终互相减弱或完全抵消，这种现象称为波的_____。

（2）超声波在介质中传播时遇到小于波长的障碍物或其他不连续性，而使超声波向各个不同方向产生无规律反射、折射或衍射的现象称为_____。

（3）散射的结果使声能分散、穿透力降低和引起不规则的_____。

（4）钢轨探伤中遇有轨面擦伤，轨底（轨颚）锈蚀，以及铝热焊焊缝的晶粒粗大等引起灵敏度下降、杂波增多，这都是_____现象。

（5）绕射现象取决于障碍物尺寸（D）和波长（λ）之比。当 $D>\lambda$ 时，以_____为主；当 $D\approx\lambda$ 时，有绕射和反射，且产生阴影区；当 $D<<\lambda$ 时，声波只有_____。

（6）超声波的衰减主要指扩散衰减、_____衰减和吸收衰减。

2. 选择题

（1）当介质厚度为（　　）波长整数倍时，就能产生驻波现象。
　　A. 1/2　　　B. 1/3　　　C. 1/4　　　D. 1/5

（2）2.5P20 直探头的晶片厚度为（　　）。
　　A. 1.38　　　B. 1.28　　　C. 1.18　　　D. 1.08

（3）（　　）的结果使声能分散、穿透力降低和引起不规则的草状杂波。
　　A. 叠加　　　B. 干涉　　　C. 绕射　　　D. 散射

（4）波的绕射对探伤（　　）。
　　A. 有利　　　B. 既有利又不利　　　C. 不利　　　D. 不确定

（5）超声波能够发现的最小缺陷约为（　　）。
　　A. $\lambda/2$　　　B. $\lambda/3$　　　C. $\lambda/4$　　　D. $\lambda/5$

（6）超声波的衰减不包括（　　）。
　　A. 扩散衰减　　　　　　B. 散射衰减
　　C. 吸收衰减　　　　　　D. 自然衰减

（7）以下不存在扩散衰减的是（　　）。
　　A. 平面波　　　　　　　B. 柱面波
　　C. 球面波　　　　　　　D. 表面波

二、绕射现象测定实训报告

1. 基本信息

   日期：_____年_____月_____日　　　　天气：_____

   班级：_____　　　　　　姓名：_____

   组别：_____　　　　　　实训地点：_____

2. 实训的意义

3. 实训设备及备品

4. 实训步骤

5. 心得体会

6. 考核评价

子项目七　超声波垂直入射异质界面及探头保护靴施加耦合剂方法

一、知识点练习

1. 填空题

（1）超声波从一种介质传播到另一种介质时，在两种介质的分界面上，部分能量反射回原介质的现象称为＿＿＿＿＿＿＿＿＿＿，另有部分能量透过界面进入另一种介质的现象称为＿＿＿＿＿＿。

（2）界面上反射波声压 p_r 与入射波声压 p_0 之比称为界面的＿＿＿＿＿＿，用 r 表示，其与声阻抗之间的关系为＿＿＿＿＿＿＿＿＿＿。

（3）界面上透射波声压 p_t 与入射波声压 p_0 之比称为界面的＿＿＿＿＿＿，用 t 表示，其与声压反射率之间的关系为＿＿＿＿＿＿＿＿。

（4）界面上反射波声强与入射波声强之比称为＿＿＿＿＿＿，用 R 表示，其与声压反射率之间的关系为＿＿＿＿＿＿＿＿。

（5）界面上透射波声强 I_t 与入射波声强 I_0 之比称为＿＿＿＿＿＿，用 T 表示，其与声强反射率之间的关系为＿＿＿＿＿＿＿＿。

（6）当入射波介质声阻抗远大于透射波介质声阻抗时，声压反射率趋于＿＿＿＿＿＿＿，透射率趋于＿＿＿＿＿＿＿＿，即声压几乎全反射，无透射，只是反射波声压与入射波声压有180°相位变化。

（7）超声波垂直入射到两种声阻抗相差＿＿＿＿＿＿的介质组成的界面时，几乎全透射，无反射。

（8）常在探头与工件表面之间施加的一层透声介质，称为＿＿＿＿＿＿＿。

（9）耦合剂的作用在于排除探头与工件表面之间的＿＿＿＿＿＿＿，使超声波能有效地传入工件，达到检测的目的。

（10）在我国北方冬季滴水成冰，所以探伤中有时在水中加入＿＿＿＿＿＿＿，以降低耦合剂的冰点。

（11）当非金属夹杂厚度为半波长的整数倍时，$r = 0$，$t = 1$，发生全透射，此时缺陷处无回波反射，缺陷漏检，呈现＿＿＿＿＿＿＿＿。

（12）实践证明，在排除空气的情况下，耦合剂越＿＿＿＿＿＿效果越好。

（13）声压往复透射率在数值上与＿＿＿＿＿＿＿＿相等。

2. 选择题

（1）声压反射率的计算公式是（　　　）。
　　A. $r = p_r / p_0$　　　　　　B. $r = p_0 / p_r$
　　C. $r = p_r \times p_0$　　　　　D. $r = p_r^2$

（2）以下哪个公式是声强透射率的计算公式（　　）。

　　A. $\dfrac{Z_2 - Z_1}{Z_2 + Z_1}$ 　　　　　　　　B. $\dfrac{2Z_2}{Z_2 + Z_1}$

　　C. $\left(\dfrac{Z_2 - Z_1}{Z_2 + Z_1}\right)^2$ 　　　　　　D. $\dfrac{4Z_1 Z_2}{(Z_1 + Z_2)^2}$

（3）钢/空气异质界面超声波声压几乎（　　）。

　　A. 全透射，无反射　　　　　　B. 既有透射，又有反射

　　C. 全反射，无透射　　　　　　D. 无法确定

（4）当 $Z_1 \approx Z_2$ 时，超声波声压几乎（　　）。

　　A. 既有透射，又有反射　　　　B. 全透射，无反射

　　C. 全反射，无透射　　　　　　D. 无法确定

（5）常在探头与工件表面之间施加的一层透声介质，称为（　　）。

　　A. 润滑剂　　　　　　　　　　B. 透声剂

　　C. 检测剂　　　　　　　　　　D. 耦合剂

（6）钢轨焊缝探伤常用（　　）作耦合剂。

　　A. 水　　　　　　　　　　　　B. 机油

　　C. 水玻璃　　　　　　　　　　D. 甘油

二、施加耦合剂实训报告

1. 基本信息

   日期：_____年_____月_____日　　　天气：_____

   班级：_____　　　姓名：_____

   组别：_____　　　实训地点：_____

2. 实训的意义

3. 实训设备及备品

4. 实训步骤

5. 心得体会

6. 考核评价

子项目八　超声波斜入射至异质界面及临界角内不同波形识别

一、知识点练习

1. 填空题

（1）一束超声波斜入射反射出去有两束超声波，其中一束是横波一束是纵波，这种现象叫_____。

（2）反射过程中各波形角度关系：在反射过程当中速度相同角度_____，速度大的角度_____。

（3）超声波倾斜入射至异质界面超声波的传播线路发生改变，这种现象叫_____。

（4）在折射过程中，当入射角增大时折射角也随之增大，当折射纵波的折射角达到90°时，称此时入射纵波的入射角为_____，对于有机玻璃与钢的界面，通过折射定律求得其值为_____。

（5）在折射过程中，当入射角增大时折射角也随之增大，当折射横波的折射角达到90°时，称此时入射纵波的入射角为_____，对于有机玻璃与钢的界面，通过折射定律求得其值为_____。

（6）若第一介质中的纵波入射角在第一临界角和第二临界角之间，则在第二介质中只有_____。

（7）通过验证分析：在有机玻璃/钢的异质界面，折射横波声压往复透射率与入射角有关，当入射角为_____，往复透射率最高。

（8）在反射过程中，随着入射角的增加，反射角也在增大，当反射纵波的反射角达到90°时，称此时入射横波的入射角为_____，在钢中第三临界角利用反射定律求得其值为_____。

2. 选择题

（1）斜探头是通过（　　）来实现横波探伤的。

　　A. 波形转换　　　　B. 斜射　　　　C. 反射　　　　D. 折射

（2）已知第一介质纵波声速为2 730 m/s，第二介质的横波声速为3 230 m/s，当用纵波以30°入射角入射时，则透入第二介质的横波折射角约等于（　　）。

　　A. 45°　　　　B. 37°　　　　C. 40°　　　　D. 51°

（3）已知第一介质纵波声速为2 730 m/s 第二介质的横波声速为3 230 m/s，为获得折射横波的折射角为60°则入射角约等于（　　）。

　　A. 47°　　　　B. 55°　　　　C. 45°　　　　D. 70°

（4）当声波的入射角介于第一临界角和第二临界角之间，工件内超声波的波形将是（　　）。

A. 纵波   B. 横波   C. 表面波   D. 板波

（5）钢轨探伤仪 37°、70°探头利用（   ）探伤。

A. 纵波   B. 横波   C. 表面波   D. 板波

（6）第二临界角的角度值为（   ）。

A. 27.6°   B. 30°   C. 57.7°   D. 33.2°

二、临界角内不同波形识别实训报告

1. 基本信息

日期：_____年_____月_____日   天气：_____

班级：_____   姓名：_____

组别：_____   实训地点：_____

2. 实训的意义

3. 实训设备及备品

4. 实训步骤

5. 心得体会

6. 考核评价

子项目九 超声波声压公式及焊缝 DAC 曲线制作

一、知识点练习

（1）从工件底部或者侧边钻孔，孔的顶部或者端部要求平齐，这样的孔称之为_____，_____探头探伤中几乎都用它作为评价基准和参考反射体。

（2）孔长大于声束直径的圆柱孔称为长横孔，当长横孔贯通试块时又可称为_____。

（3）孔长大于孔径，但小于声束直径的圆柱孔称为_____。

（4）平底孔直径一定，距离增加一倍，其回波下降_____dB。

平底孔距离一定，直径增加一倍，其回波上升_____dB。

大平底距离增加一倍，其回波下降_____dB。

长横孔直径一定，距离增加一倍，其回波下降_____dB。

长横孔距离一定，直径增加一倍，其回波上升_____dB。

球孔直径一定，距离增加一倍，其回波下降_____dB。

球孔距离一定，直径增加一倍，其回波上升_____dB。

（5）采用计算方法或事先测绘制作的距离-波幅-当量曲线，也被称作_____，它用来确定检测灵敏度以及评定缺陷的当量大小。

（6）缺陷的实际面积尺寸往往_____当量大小。

二、焊缝 DAC 曲线制作实训报告

1. 基本信息

   日期：_____年_____月_____日　　　　天气：_____

   班级：_____　　　　姓名：_____

   组别：_____　　　　实训地点：_____

2. 实训的意义

3. 实训设备及备品

4. 实训步骤

5. 请画出你所完成的 DAC 曲线

6. 考核评价

子项目十　常见异常波形分析及演示

一、知识点练习

（1）超声波在两个相互垂直平面构成的直角内反射称为_____。

（2）实际钢轨探伤中37°探头检测轨端水平裂纹、螺孔水平裂纹、_____就是利用端角反射特性来实现。

（3）横波入射角在为_____间，端角反射率达100%，其原因是横波入射角均超过第三临界角。

（4）若用手沾油拍打端角处，会发现回波波形剧烈抖动，这是因为钢与空气的界面变成了钢与油的界面，横波折射出_____在油内传播，使回波能量和声压降低，信号减弱。

（5）钢轨探伤过程中用2.5P20直探头检测钢轨过程中，发散声束在轨腰处发生波形转换，经过几次发射后回到探头，在底波的后面产生_____。

（6）70°斜探头发送的超声波，在遇到钢轨轨端时，横波S以20°的入射角入射，因小于第三临界角，所以反射波形中既有横波S又有纵波L，一定角时形_____反射回波。

（7）位于工件侧壁附近的小缺陷，用与侧壁平行的声束很难检测，这是因为存在着工件侧壁_____的缘故。

二、任务报告

请分析迟到波、端角反射回波、70°断面波等波形产生的原因。

中篇

钢轨探伤常规知识与技能

项目三 钢轨探伤的必要性及其发展历程

子项目一 回顾钢轨折断引发的铁路安全事故

一、知识点练习

（1）_____年 8 月 23 日，陇海线十里山二号隧道发生列车脱轨颠覆事故，经调查该处钢轨存在疲劳损伤，没有及时发现和更换，造成_____折断，是本次事故的直接原因。

（2）为了防止钢轨折断，铁路_____部门专门成立了钢轨探伤工（现改为_____）这一工种。日常检测过程中，发现钢轨重伤后，应及时上报_____及相关线路工区，由线路工区对伤损钢轨进行_____。

（3）因为热胀冷缩的影响，钢轨内会存在____力，以 60 kg/m 轨为例，当轨温为锁定轨温时钢轨内部应力为零，温度每变化 1 ℃（当前轨温与锁定轨温比），钢轨内会产生_____的应力。

二、任务报告

请谈谈钢轨探伤工作的必要性，字数不少于 200 字。

子项目二　钢轨探伤发展历程

一、知识点练习

（1）1927 年，Elmer Sprrey 博士应美国铁路联盟的要求，研制了世界上第一辆基于_____检测原理的轨道探伤车，但该方法只能探测钢轨表面和近表面的缺陷，没有被广泛推广。

（2）在第二次世界大战期间，由于脉冲技术的发展，大大刺激和推动了_____检测的进步，并逐步用于钢铁、造船和机械制造中的探伤。

（3）我国在钢轨超声探伤领域的研究起步较晚，1949 年后主要依靠_____、_____等手工检查的方法检查钢轨。

（4）1965 年，湖北省原武汉电子仪器厂自主设计生产了 GTC-1_____钢轨探伤仪，填补了该领域的空白，在当时取得了一定成效。

（5）_____年，上海无线电 22 厂研发出国内首台全晶体管化的脉冲反射式探伤仪，该探伤仪配有手推车，在野外使用较为方便。

（6）1991 年后，_____型模拟探伤仪技术已经非常成熟，且具有价格低、结构简单、便于维修等优点，在各大铁路局、铁路分局被迅速推广应用。

（7）数字钢轨探伤仪，增加了_____型图像显示、缺陷数据显示及探伤数据存储和功能。

（8）路轨仪作业方法经过二十几年的使用已经非常成熟，但是它也有明显不足之处：检测效率低，其检测速度一般为_____km/h。

（9）_____是一种集合了声学、机械、电子、计算机等多种专业技术的专用检测装置，包括动力系统、走行系统、液压系统、电子控制和机械伺服系统等。

（10）第三代钢轨探伤车配备_____型检测系统，借鉴手推小车的经验，增加了 70°探头的_____次波探伤，并采用转向架式模式，探伤速度可达_____km/h。

（11）双轨小车检查速度快，平均检测速度为_____ km/h，效率高，充分利用天窗时间，安全能得到保障，大大节约了人力，减轻了探伤人员的劳动强度。

（12）据统计近年来 70%左右的断轨集中在_____处所。

（13）有的仪器除了用于检测钢轨焊缝，还可以检查飞机、石油管道、压力容器等焊缝，所以也叫_____探伤仪。

（14）数字探伤仪通过模数（AD）转换器将模拟信号变为_____信号，由微处理器进行处理后，在显示器上显示出来。

（15）超声波相控阵探伤仪，通过晶片所发射的超声波波束叠加形成不同的_____，在接收端也可以按照相应的延时规则，控制各个阵元延时接收信号，并进行信号叠加合成处理，形成超声_____。

（16）TOFD 方法是采集超声波在缺陷端点产生的衍射和散射的信号来进行处理和判断的超声波探伤方法，称作_____法，A 扫波包含_____波、_____波、伤损上端点波、伤损下端点波，所呈现_____图像。

（17）_____技术是一种利用电磁的方法在导体中激励和检测超声波的技术。

（18）_____就是利用高能激光脉冲与物质表面的瞬时热作用，在物体内部产生超声波，可同时产生纵波、横波及表面波，因此不仅可以用来检测内部缺陷，还可用于检测表面缺陷。

（19）_____技术：三维无限均匀固体中自由传播的波称为体波，体波分为纵波和横波。

（20）_____技术具有早期发现故障、非接触测量等特点，特别适合于在线监测和诊断的应用，因此很快就受到重视。

二、任务报告

请谈谈钢轨探伤技术未来的发展方向。

项目四　手工检查技术检测钢轨

子项目一　手工检查技术检测普通钢轨

一、知识点练习

（1）早期，因为没有先进的探伤设备，铁路职工通过"锤敲、镜照"等方法检查钢轨，这种方法被统称为_____技术。

（2）现场作业过程中遇到_____、_____、_____的情况，仍需进行手工检查作业。

（3）接头处的钢轨容易出现压溃、掉块、擦伤、低塌、错牙等缺陷，造成仪器检测_____，形成漏检，这些地方应该进行手工检查。

（4）小半径曲线检查中，应注意曲线上股夹板两端轨头下颚的是否存在_____。

（5）在站专线、货场、煤场等处所，因钢轨使用年限长，维修养护条件差或泥沙、油污的覆盖、腐蚀等，使钢轨状态不良，仪器_____探测时，应仔细进行手工检查。

（6）焊补层下形成横向疲劳_____导致断轨，所以钢轨焊补处应进行手工检查。

（7）手工检查之看：看轨面"白光"是否_____、_____、_____。如"白光"_____处伴有颚部下垂、轨头肥大、颚下透锈或者轨头侧面有锈线等现象可怀疑为轨头内_____。如果轨面"白光"中出现_____或_____，可怀疑轨头内部有裂纹。

（8）油渍杂物经列车碾压，会出现_____或假黑线，要加以区分。

（9）曲线上的钢轨由于受车轮偏压磨损，后经整修或改铺在直线上时也会出现假暗光或假黑线，这种暗光或黑线经过车轮碾压一段时间后会_____。

（10）手工检查之看：趴伏在钢轨上，用眼观察轨头_____、轨腰和轨底_____。

（11）看钢轨轨腰，若发现有不平直处，用手摸该处判别是否有_____和变形，用锤敲击鼓包处时若铁皮剥落，鼓包消失则是_____，是假鼓包不是内伤。

（12）注意在_____观察钢轨是否留有明显的水痕或者流锈，干后是否有红锈存在。遇到霜雪天气，有裂纹处的霜雪一般较其他地方少，且融化慢，其他部位融化了，伤损处会_____。

（13）在判别不清时，可用水或者油浸润该处，观察水和煤油是否_____。

（14）蹲在钢轨_____（桥上蹲在_____），小锤端平持稳，手腕一松让锤自由落下，平敲钢轨踏面，不要向外晃动，每次敲打起锤高度_____但不宜过高。

（15）在锤敲过程中，如小锤没有回弹起跳，就好像被钢轨吸住似的（_____现象），同时发音_____，手中锤柄振动_____可怀疑为有伤钢轨。必要情况下可将小石子或者硬币放在钢轨上，通过敲击附近钢轨，观察其是否跳动，＿＿＿＿＿＿时怀疑有伤损。

（16）夹板与轨颚不密贴、螺栓＿＿＿＿＿、轨底与枕木不密贴、钢轨肥边、枕木＿＿＿＿＿＿＿＿、上下错口的暗影均对小锤跳动次数和声音有影响，应慎重判伤。

（17）照的要点：

① 照轨头侧面，＿＿＿＿＿＿＿＿＿及轨腰，从镜子中观看是否有裂纹。

② 将小镜子伸入轨底，观察轨底是否有＿＿＿＿＿＿＿＿裂纹。

③ 从上面反射光线射入轨缝内，查看是否有＿＿＿＿＿＿＿＿＿裂纹。

（18）在非绝缘接头处发现有疑似伤损而不能确定时，应用＿＿＿＿＿＿＿卸下螺栓进行检查。

（19）螺栓拆除完毕后，通过＿＿＿＿＿＿＿＿＿观察螺孔内壁是否有裂纹，若螺孔内壁有油污且不宜清除时可用小钩子沿内壁缓慢滑动，看是否有＿＿＿＿＿＿＿＿的感觉。注意螺栓检查结束后复拧至原样，并达到规定的＿＿＿＿＿＿＿＿＿值。

二、手工检查技术检测普通钢轨实训报告

1. 基本信息

   日期：_____年____月____日　　　　天气：_____

   班级：_____　　　姓名：_____

   组别：_____　　　实训地点：_____

2. 实训的意义

3. 实训设备及备品

4. 实训步骤

5. 伤损信息

6. 考核评价

子项目二 手工检查技术检测道岔钢轨

一、知识点练习

（1）_____是一种使机车车辆从一股道转入另一股道的线路连接设备，通常在车站、编组站大量铺设。

（2）由于道岔区钢轨分布复杂、受力不均，往往是钢轨伤损的高发地带，是探伤的难点和重点，必须重视_____检查。

（3）尖轨是一个变截面钢轨件，依靠其在滑床台上的扳动，将列车引入正线或侧线方向，一般分为_____尖轨和_____尖轨两种。

（4）对轨头宽度_____mm 以上尖轨部位，应注意仪器与手工相结合的方式探伤。

（5）在役的辙叉一部分属_____辙叉，晶粒粗，衰减大，现有钢轨探伤仪无法检测，必须用手工检查。

（6）对于组合辙叉心轨顶面宽度小于_____mm 处所，需用通用探伤仪进行加强检查，并辅以手工检查。

（7）新铺设的辙叉，由于轮轨关系没有完全磨合，会在心轨和翼轨上出现麻点、_____甚至开裂掉块，应注意手工检查。

（8）可动心轨道岔由长心轨、_____和翼轨组成。

（9）距长心轨尖端_____mm 的轨底部位是长心轨薄弱点，可利用镜子和手电筒仔细观察这一部位。

（10）长心轨尖端两侧的翼轨加宽部位的后端有 2 个_____，但因该焊缝处轨腰成弯状，轨底不规则及所处的位置很难用仪器进行检查，只能通过目视、镜照等手工检查。

（11）_____接头是道岔区段螺孔裂纹发生率最高部位，尤其是新换辙叉后的引轨，更容易引起突发性螺孔裂纹产生，因而是道岔范围检查的重点。

二、手工检查技术检测道岔钢轨

1. 基本信息

   日期：_____年____月____日　　　　天气：_____

   班级：_____　　　　姓名：_____

   组别：_____　　　　实训地点：_____

2. 实训的意义

3. 实训设备及备品

4. 实训步骤

5. 伤损信息

6. 考核评价

项目五　通用探伤仪检测焊缝

子项目一　铝热焊焊接工艺学习及伤损识别

一、知识点练习

1. 填空题

（1）铝热焊又称_____法，它是将铝粉、氧化铁粉、铁钉屑和铁合金等按一定比例配成铝热焊剂，用_____点燃后，发生激烈的化学反应和冶金反应，使其瞬间温度达到_____℃，钢水下沉，氧化铝以渣的形态浮于溶化金属上面，然后把钢水注入套在对接钢轨上、预热好的砂模铸型内，与预热温度达_____℃以上的钢轨端部熔合，高温钢水将铸型内的两节钢轨端部熔化，冷却后把两节钢轨焊接在一起。

（2）铝热焊接头由_____区、热影响区（过热区、细晶区、部分相变区）以及毗邻的钢轨母材构成。

（3）铝热焊焊缝区不是一个平面，而是具有_____mm 左右的宽带，金属成分由铝热钢和部分被铝热钢水熔化的_____冷却后组成。

（4）国际上钢轨铝热焊技术较为先进的是德国和法国，德国的焊接工艺以_____为代表，法国的焊接工艺以使用一次性坩埚的_____工艺为代表。

（5）铝热焊焊接钢轨两侧_____m 范围内必须严格按规定上紧扣件，确保焊接时轨缝间隙不发生移动。

（6）铝热焊焊接时轨温低于 15℃，则应在焊接预热前将待焊钢轨两端各_____m 范围内加热至_____℃。

（7）待焊接的钢轨端头与最近的轨枕的距离应至少为_____mm，将待焊轨缝下的道砟掏至距轨底至少_____mm。

（8）焊焊接时母材轨端是有伤损，需将钢轨端头_____。

（9）钢轨上螺栓孔距焊接轨端的距离不应小于_____mm。

（10）对焊接钢轨端部、两侧和轨底进行打磨除锈，打磨范围为_____mm，打磨完成后，轨头端部_____需倒角 1×45°。

（11）铝热焊轨缝调整：以轨脚边为基准，控制轨缝宽度为_____mm。

（12）铝热焊封箱前，要盖上砂型盖防止砂落入砂型中，形成_____。

（13）铝热焊封箱泥抹得太多，则很难在预热时烘干，容易因潮湿而造成_____缺陷，影响焊接效果。

（14）钢水结晶的四个过程分别为_____、_____、_____、_____。

（15）铝热焊焊后将内外侧大小钢柱从两侧面用大锤_____，从而使其不影响随后的热打磨，大小钢柱可在 20 min 后打掉。同时在大钢柱底部_____，以便于冷却后敲掉。

（16）焊后 20 min 后或温度降到_____℃才能放车通行。

（17）_____，焊缝宽度可以达到 50~70 mm，这为铁路施工带来方便，特别是在处理伤轨或者有问题的焊头时，不需要再插入短轨。

（18）铝焊接头的屈服强度只有母材的_____左右。

（19）铝热焊接头内部质量缺陷有缩孔、疏松、_____、夹渣、_____、未焊合等。其中有的缺陷是可以存在的，如允许出现少量气孔、夹渣或夹砂等缺陷，最大尺寸 mm 时允许数量 1 个；最大尺寸_____mm 时，允许数量 2 个。

（20）铝热焊接头内气孔表面是光滑的，大小不均，有单个或蜂窝状的气孔群体，一般呈_____形。内部气孔在_____内均可出现，气孔尺寸有时可以很大；皮下气孔紧靠表皮下产生，一般在_____上容易产生。

（21）超声波探伤时，气孔反射回来的波形尖锐，可从_____发现，探头小范围移动，稍纵即逝。

（22）未焊合的情况，一般多发生在_____，也有出现在轨底的，进行超声波探伤时，波形反射强烈，波底较宽，探头移动范围大都有波形。

（23）热裂由于在高温区域内发生，因此表面常带有_____，热裂对焊头质量影响大，会造成断轨。

（24）标准晶粒级别由大到小划分为-3 到+12 共 16 级，1~4 级为粗晶粒，5~8 级为细晶粒。粗于 1 级的为_____；细于 8 级的为_____。

（25）缩孔集中，似海绵状时，就叫_____。

2. 选择题

（1）以下（　　）不是无缝线路长钢轨焊接的工艺。
  A. 铝热焊 B. 气压焊 C. 闪光焊 D. 电焊

（2）对焊接钢轨端部、两侧和轨底进行打磨除锈，打磨范围为（　　）。
  A. 60 mm B. 50 mm C. 40 mm D. 30 mm

（3）待温度降至（　　）或者自然轨温以下时，进行全断面探伤。
  A. 50 ℃ B. 40 ℃ C. 30 ℃ D. 20 ℃

（4）铝热焊接头内部质量缺陷不包含（　　）。
  A. 灰斑 B. 缩孔 C. 疏松 D. 气孔

（5）预热到浇注前时间超过（　　），使预热后温度降低，易在轨底两角产生气孔。
  A. 60 s B. 40 s C. 30 s D. 20 s

（6）热影响区不包括（　　）。
  A. 近场区 B. 过热区 C. 细晶区 D. 部分相变区

二、任务报告

请大体描述出铝热焊焊接工艺的流程及常见的伤损类型。

子项目二 闪光焊焊接工艺学习及伤损识别

一、知识点练习

1. 填空题

（1）闪光焊是将两根钢轨端面接触，通过端面的接触点导电，接触电阻产生_____，当温度达到一定程度时，钢轨的接触面金属熔化形成液态金属层，通过外加纵向力挤出液态金属，并使高温金属产生塑性变形，在结合面产生共同晶粒，获得致密的_____组织，形成对接接头。

（2）闪光焊焊缝实际上是一层垂直于钢轨纵向的金属薄层，宽度只有_____mm，在焊头精加工后的宏观照片上，焊缝显示出是一条_____，它是一层氧化脱碳的贫碳层。

（3）闪光焊热影响区分为_____区、_____区、不完全重结晶区，在纵向板宏观照片，焊缝两侧_____之间区域是热影响区。

（4）钢轨闪光焊接按照闪光过程的特征分为_____闪光焊、_____闪光焊和脉动闪光焊三种类型。

（5）在焊轨厂内通常使用固定式焊轨机，常见的 GAAS80 型焊机，第一个字母"G"表示_____，第二个字母"A"表示_____，第三个字母"A"表示_____，第四个字母"S"表示_____，"80"表示顶锻力是_____。

（6）钢轨闪光焊接阶段分为：闪平阶段、预热阶段、_____以及_____阶段。

（7）钢轨闪光焊焊接接头轨头和轨底、轨底顶面斜坡的推凸余量不应大_____mm，其他位置推凸余量不得大于_____mm。

（8）钢轨闪光焊焊后打磨分_____和_____。

（9）钢轨闪光焊焊后正火前钢轨接头表面温度不得高于_____℃，正火加热温度为870~930℃，然后_____冷却或者在空气中自然冷却。

（10）钢轨闪光焊焊后正火加热方式有火焰方式和_____感应方式，经过热处理后，可使接头晶粒组织_____，提高接头韧性，热处理过程中对温度要求很高，温度过高或者过低，均可能导致晶粒_____。

（11）焊后打磨，当手持砂轮长时间地用力打磨已经完全冷却焊头某个部位表面时，极易形成_____。

（12）移动闪光焊的焊机电极夹持_____部位（距离焊缝约 8 cm 之外），固定式焊机电极是上下夹持_____和_____（距离焊缝约 10 cm 之外），常在夹持部位出现_____，是最严重的电极灼伤。

（13）闪光焊后推凸刀将顶锻挤出的高温金属推凸到焊缝另一侧钢轨表面时，会形成_____，紧紧黏在钢轨表面，相当于一个尖劈，出现应力集中。推凸过程中推刀将冷却的焊渣挤入炙热焊头基体会形成"_____"缺陷。

（14）灰斑出现在闪光焊焊缝面，呈现平的和光滑的形貌，国外称其为_____。U71Mn钢轨焊头焊缝断面上的灰斑是_____的，U75V钢轨焊头焊缝断面上的灰斑是_____的。根据规定灰斑是允许存在的缺陷，但是其面积大小有限制，单个面积不大于_____ mm²，总面积不大于_____ mm²。

（15）灰斑的形成原因说法不一，一种意见认为加速烧化速度过慢，是钢轨内成分被氧化，因为灰斑的夹杂物中发现其主要成分是_____和_____。

（16）_____是组织缺陷，轻度过烧呈现很细小的炭黑斑点，严重过烧成黑色蜂窝状组织。

（17）焊缝当再次加热正火并提高加热温度时，最高温度不宜超过_____ ℃，粗晶细化、缺陷消失。

2. 选择题

（1）不直度大于（　　）的钢轨必须调直。
　　A. 0.5 mm/m　　　B. 1 mm/m　　　C. 1.5 mm/m　　　D. 2 mm/m

（2）焊接前轨端面、轨面和轨底面距端（　　）用角向磨光机打磨出金属光泽。
　　A. 50～100 mm　　　B. 100～300 mm
　　C. 100～200 mm　　　D. 200 mm 以上

（3）焊接接头轨头和轨底、轨底顶面斜坡的推凸余量不应大于（　　）。
　　A. 0.5 mm　　　B. 1.5 mm　　　C. 2 mm　　　D. 1 mm

（4）焊接后利用仿型打磨机对焊缝中心线两侧各（　　）范围进行精磨。
　　A. 350 mm　　　B. 400 mm　　　C. 450 mm　　　D. 500 mm

（5）以下不是闪光焊焊缝缺陷的是（　　）。
　　A. 打磨灼伤　　　B. 电极灼伤　　　C. 未焊合缺陷　　　D. 气孔

（6）根据规定灰斑是允许存在的缺陷，但是其面积大小有限制，单个面积不大于 10 mm²，总面积不大于（　　）。
　　A. 15 mm²　　　B. 20 mm²　　　C. 25 mm²　　　D. 30 mm²

二、任务报告

请简略描述闪光焊焊接工艺的流程及常见的伤损类型。

子项目三 气压焊焊接工艺学习及伤损识别

一、知识点练习

1. 填空题

（1）_____是用气体火焰加热钢轨，在压力作用下获得牢固接头的焊接方法。

（2）钢轨进行气压焊接时应将焊接温度控制在_____℃，此时钢轨表面已呈半熔化状态，在顶锻压力作用下使加热后的钢轨端头产生塑性变形、_____和扩散等作用形成接头，其抗拉强度可达钢轨母材标准的_____以上。

（3）气压焊接头的热影响区（HAZ）比闪光焊接头的热影响区宽度要_____得多，由于焊接过程钢轨端面的脱碳现象不严重，很难从宏观上看到_____。

（4）点火时间应在按要求供给氧、乙炔后，停_____s点火。

（5）如一次不能消除晶粒粗大，可进行二次正火，但不能_____正火。

（6）气压焊中的光斑与灰斑类似，只出现在钢轨焊接的_____上，光斑相当于裂纹埋在焊缝内部，既减少了钢轨的有效面积，又会产生应力集中，运营使用中光斑以_____的形式急剧扩散，极易造成断轨。

（7）光斑是允许存在的缺陷，其面积应受到限制，要求单个面积不大于_____mm²，总面积不大于_____mm²。

（8）_____也叫半焊、假焊，这里的被焊端面只是局部或部分焊合，其断口呈暗灰色、平整，但有毛刺，手触摸时划手。

2. 选择题

（1）以下不属于气压焊常见缺陷的是（   ）。
   A. 光斑   B. 未焊透   C. 过烧   D. 灼伤

（2）运营使用中（   ）以裂纹的形式急剧扩散，极易造成断轨。
   A. 光斑   B. 过烧   C. 未焊合   D. 灼伤

（3）光斑是允许存在的缺陷，其面积应受到限制，要求单个面积不大于（   ），总面积不大于 50 mm²。
   A. 4 mm²   B. 6 mm²   C. 8 mm²   D. 10 mm²

（4）钢轨被加热 5 min 后，钢轨表面温度在（   ）℃时应开始顶锻。
   A. 1 250~1 300   B. 1 350~1 400
   C. 1 450~1 500   D. 1 550~1 600

（5）顶锻阶段，控制压力大于（   ）。
   A. 60 MPa   B. 50 MPa   C. 40 MPa   D. 30 MPa

（6）除瘤后，待焊缝区冷却到（   ）时，用焊轨加热器进行加热。
   A. 400~500 ℃   B. 300~400 ℃   C. 500~600 ℃   D. 600~700 ℃

二、任务报告

请简述气压焊焊接工艺的流程及常见的伤损类型。

子项目四 认识通用探伤仪器

一、知识点练习

1. 填空题

（1）请写出图 5.4.1 中 3、4 里每个参数的含义。

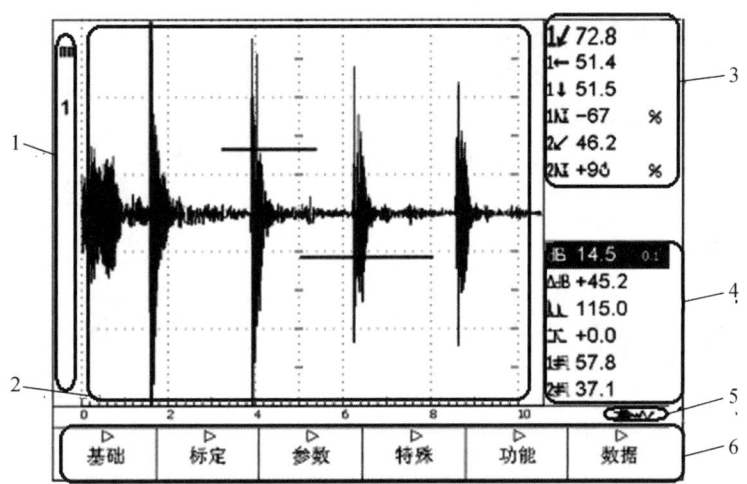

1—功能符号显示区；2—波形显示区；3—探伤结果显示区；4—常用参数显示区；
5—仪器供电显示区；6—菜单栏。

图 5.4.1 仪器常规检测界面

（2）请写出图 5.4.2 中 4 所指的控件的名称及作用。

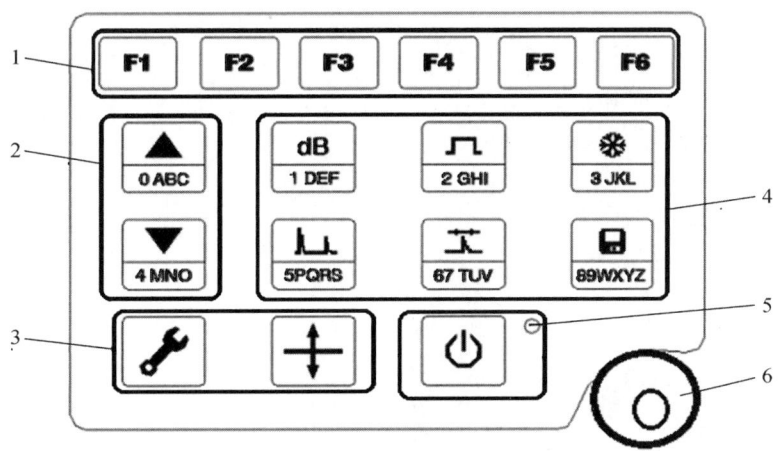

1—菜单键；2—调节键；3—设置及检测键；4—快捷键；5—电源键及指示灯；6—万能旋钮。

图 5.4.2 仪器面板控件

2. 选择题

(1) 仪器闸门不包含的指标是（　　）。
  A. 门位　　　　　　B. 门宽　　　　　　C. 门高　　　　　　D. 位移

(2) 探头匹配阻尼，一般选择（　　）。
  A. 60 Ω　　　　　　B. 100 Ω　　　　　　C. 400 Ω　　　　　　D. 80 Ω

(3) 检波方式，一般选择（　　）。
  A. 射频　　　　　　B. 双向　　　　　　C. 负向　　　　　　D. 正向

(4) 显示波形的数据处理方式，一般情况下设置为（　　）。
  A. 平均　　　　　　B. 峰值　　　　　　C. 前沿　　　　　　D. 均可

(5) 设定自动增益范围，一般设置（　　）。
  A. 60%　　　　　　B. 70%　　　　　　C. 80%　　　　　　D. 90%

(6) 测量模式，一般选择（　　）。
  A. 平均　　　　　　B. 峰值　　　　　　C. 前沿　　　　　　D. 均可

二、任务报告

请简述用直探头检测高度为 110 mm 工件时，仪器的参数设置情况。

子项目五 利用单/双探头检测轨头焊缝

一、知识点练习

1. 填空题

（1）探伤管理规定必探区域为焊缝+热影响区（焊缝中心两侧200 mm内），这一区域被称为_____。

（2）焊接接头探伤应做到_____探伤，即轨头、轨腰和轨底都要检测。

（3）采用单晶K_____探头对焊缝轨头进行探伤，针对在役焊缝和铝热焊焊缝建议使用频率为2.5 MHz探头，针对新焊的闪光焊和气压焊，建议采用频率为_____MHz探头。

（4）K2.5探头置轨面上做无偏角纵向移动扫查，要求相邻两次的扫查应有一定重叠，重叠宽度不小于扫查宽度的_____。

（5）由于轨头顶面作用边呈圆弧状，探头接触面过小，不利于焊缝轨头内外侧上角缺陷的检出，因此需要采用_____纵向移动法探测。

（6）轨头焊缝有偏角扫查手法：K2.5探头置轨面中心线上，以_____偏角纵向移动探头，此方法主要是利用一次波和_____波共同扫查，扫查次数为焊缝内、外两侧共计_____次。

（7）由于灵敏度或者探测面影响，仪器屏幕上经常出现，高度不高的可疑波形，需要让探头横向移动、_____移动和_____扫查来观察可以波形的波高变化和位移量来鉴定该波形是否为伤波。

（8）探测轨头时，因轨头下颚处焊筋凸起，在荧光屏显示_____波。

（9）在轨头探测中，有时会出现焊筋轮廓波明显_____或重复显示，除因焊筋轮廓不规则和_____影响外，多数是轮廓与母材间存在伤损。

（10）理论上探头推行过程中只能发现前焊筋轮廓波，但是有时本侧焊筋处存在焊渣、杂物和_____，还会出现_____轮廓波。

（11）当缺陷直径小于超声束宽度，且缺陷距轨颚较近时，荧光屏上会出现缺陷波和焊筋轮廓波_____显示的现象，若缺陷距轨颚较远时，缺陷波和焊筋轮廓波交替显示。

（12）当缺陷直径大于声束宽度，完全阻挡超声波向前传播，使荧光屏上只显示_____。

（13）_____波识别方法：用手指压轨面探头前方或用手摸下底面波幅消失或明显下降，并随手指压动而变化。

（14）轨头_____型扫查，可有效发现轨头中大而平的缺陷，尤其是灰斑、光斑及未焊合等缺陷。

（15）轨头K型当轨头内有垂直于纵向的片状或者体积状缺陷，由于声程相对固定，所以出现伤波位置_____。

（16）轨头焊缝单探头扫查声程"范围"为_____mm。

（17）轨头焊缝单探头试块调节法：将_____试块_____区_____号横孔反射波调整到满幅度的 80%，然后根据探测面情况进行适当表面耦合补偿（一般为 2～6 dB），作为探测焊缝轨头部位的探伤灵敏度。

（18）轨头焊缝单探头现场调节法：在被探焊缝钢轨底角上进行调节，探头_____放置于轨底角上，探头入射点距边_____mm 左右，找出对边轨底角边回波最大值，调节仪器"增益"，使轨底角最高回波 80%，增益_____dB，作为探测焊缝轨头部位的探伤灵敏度。或者将探头横向置于轨头轨面，探测轨头下颚_____棱角，棱角回波波高调至 80%，增益_____dB 后作为 K2.5 探测轨头的探伤灵敏度。

（19）轨头焊缝单探头探伤扫查：在探伤灵敏度上提高_____dB 作为扫查灵敏度。

（20）轨头焊缝单探头判伤标准：①不小于 φ_____长横孔当量。②焊缝中存在_____状缺陷。③缺陷当量比规定的缺陷当量小，但差值在 3 dB 内，且延伸长度大于_____mm。以上三种情况，钢轨均可判定重伤。

（21）焊缝轨头两侧_____mm 范围内探测面应打磨除锈，下颚处的焊渣、铁锈等必须清除干净。

（22）轨头 K 型扫查时，仪器声程"范围"为_____mm。

（23）轨头焊缝双探头试块调节法：将探头放在_____试块轨头两个侧面，移动探头扫查_____号孔，使反射波最高波调到 80%，在此基础上增加_____dB，作为探伤灵敏度。

（24）轨头焊缝双探头现场调节法：将探头分别置于轨头内外侧侧面，呈一发一收，直校回波波高调至_____，增益 18~22 dB 后作为探测轨头时探伤灵敏度。

2. 选择题

（1）请问轨头焊缝影响区的范围为焊缝中心两侧（　　　）mm。
　　A. 50　　　　　　B. 100　　　　　　C. 200　　　　　　D. 300

（2）在役焊缝和铝热焊焊缝建议使用频率为（　　　）MHz 探头。
　　A. 1　　　　　　B. 2　　　　　　C. 2.5　　　　　　D. 4

（3）无偏角纵向移动扫查：K2.5 探头置轨面上，探头纵向中心距边分别为（　　　）mm，然后每隔 10 m 扫查一次，共计 5 次。
　　A. 14　　　　　　B. 15　　　　　　C. 16　　　　　　D. 17

（4）无偏角纵向移动扫查：要求相邻两次的扫查应有一定重叠，重叠宽度不小于扫查宽度的（　　　）。
　　A. 14%　　　　　　B. 15%　　　　　　C. 16%　　　　　　D. 17%

（5）有偏角纵向移动扫查：K2.5 探头置轨面中心线上，以（　　　）偏角纵向移动探头。
　　A. 14°　　　　　　B. 15°　　　　　　C. 16°　　　　　　D. 17°

（6）探测轨头时，因轨头下颚处焊筋凸起，在探头距焊缝中心（　　　）mm 左右，在荧光屏显示焊筋轮廓波。
　　A. 60　　　　　　B. 70　　　　　　C. 80　　　　　　D. 90

（7）当缺陷直径（　　　）超声束宽度，且缺陷距轨颚（　　　）时，超声束可同时在缺陷和焊筋上产生反射，荧光屏上会出现缺陷波和焊筋轮廓波同时显示的现象。

　　A. 小于　较远　　　　　　　　　B. 小于　较近
　　C. 大于　较远　　　　　　　　　D. 大于　较近

3. 判断题

（1）实际操作过程中可用手指沾油按压焊筋处，若波幅随手指压动而变化，则是焊筋轮廓波。　　　　　　　　　　　　　　　　　　　　　　　　　　　　　　（　）

（2）焊筋轮廓波一般都是在探头有偏角情况下波形强劲，因焊筋具有对称性，可采用探头向另外一侧偏斜，若在同一位置出现该波形，则证明是焊筋轮廓波。　　（　）

（3）有时本侧焊筋处存在焊渣、杂物和油滴，还会出现后轮廓波，此时建议利用侧面扫查，加以区分，以防止误判。　　　　　　　　　　　　　　　　　　　　（　）

（4）轨头下颚存在焊筋，但是无轮廓波显示，一是探头或连接线失效，二是探测面耦合不良，三是焊缝中存在蜂窝状气孔或者粗晶，声波衰减无反射，应作认真分析，正确判伤。
　　　　　　　　　　　　　　　　　　　　　　　　　　　　　　　　　　　　（　）

（5）用手指压轨面探头前方或用手摸下底面波幅消失或明显下降，并随手指压动而变化，则说明是有层波。　　　　　　　　　　　　　　　　　　　　　　　　（　）

4. 简答题

（1）请简述轨头焊缝双探头判伤标准。

（2）请简述焊筋轮廓波的鉴别方法。

（3）请简述哪些情况轨头下颚存在焊筋，但是无轮廓波显示。

（4）请简述轨头 K 型扫查中熔合线的扫查手法。

二、轨头焊缝单探头探伤实训报告

1. 基本信息

   日期：_____年____月____日　　　　天气：_____

   班级：_____　　　　姓名：_____

   组别：_____　　　　实训地点：_____

2. 实训的意义

3. 实训设备及备品

4. 实训步骤

5. 伤损信息

6. 考核评价

三、轨头焊缝双探头探伤实训报告

1. 基本信息

   日期：_____年_____月_____日　　　　天气：_____

   班级：_____　　　　　　姓名：_____

   组别：_____　　　　　　实训地点：_____

2. 实训的意义

3. 实训设备及备品

4. 实训步骤

5. 伤损信息

6. 考核评价

子项目六　利用单/双探头检测轨腰焊缝

一、知识点练习

1. 填空题

（1）探测轨腰焊缝单探头法——单晶直探头：利用直探头_____探伤法，检出焊缝中反射面与探测面平行的缺陷；利用直探头穿透式探伤法，检出焊缝中_____、缩松等缺陷。

（2）铝热焊有焊筋突出量的区域，有时焊筋中伴有水平裂纹所以需要尽量将直探头在焊筋处做一定范围的_____移动。

（3）由于铝热焊筋凸出轨底，直探头在焊缝上时，轨底波出波位置会稍微_____移动。

（4）探测轨腰焊缝单探头法——单晶K1斜探头：置于轨面纵向中部，距焊缝中心两边各_____mm的区域内，纵向缓慢移动探头进行扫查。

（5）探测轨腰焊缝单探头法——单晶K1斜探头：因轨底处焊筋凸起，在探头距焊缝中心170 mm左右，在荧光屏显示_____波。

（6）焊缝轨腰双探头采用_____反射法，该方法适用于探测焊缝中垂直轨面的片状缺陷，如焊缝中的未焊合缺陷，扫查时需要配备_____。

（7）探测轨腰焊缝双探头法——串列式反射法：探头扫查装置放于轨头顶面中心线，扫查架_____对准需要探测截面上，通过旋转扫架上的_____，使两个探头以相同的速度移动，利用两个探头一发一收反射式探伤法，检出钢轨腰投影范围内的缺陷。

（8）接触、气压焊焊缝探测时，扫查架零点对准焊缝中心扫查_____次；铝热焊焊缝探测时，需对焊缝进行_____次扫查。

（9）直探头检测轨腰焊缝声程"范围"为_____mm。

（10）直探头检测轨腰焊缝灵敏度试块调节法：将CHT-5型试块_____区_____号横孔反射波调整到满幅度的80%，然后根据探测面情况进行适当表面耦合补偿（一般为2~6 dB），作为探测焊缝轨头部位的探伤灵敏度。

（11）直探头检测轨腰焊缝灵敏度现场钢轨调节法：

反射式探伤：将直探头置于钢轨母材轨面中心，将一次_____波高调至80%，增益22 dB后作为0°探伤灵敏度。

穿透式探伤：将探头依次放在不少于10个同类型的铝热焊焊筋上方，耦合良好，将回波调至80%，记录此时灵敏度数值，取平均值作为正常焊缝的透声dB值，在此基础上增益____ dB作为检测灵敏度

（12）直探头检测轨腰焊缝判伤标准：① 不小于φ_____长横孔当量。② 底波比正常焊缝底波低_____dB及以上。③ 焊缝判废焊缝中存在_____状缺陷。④ 缺陷当量比规定的缺陷当量小，但差值在3 dB内，且延伸长度大于_____mm。以上4种情况，钢

轨均可判定重伤（判废）。

（13）K1 斜探头检测轨腰焊缝声程"范围"为_____mm。

（14）K1 斜探头检测轨腰焊缝试块法灵敏度调节：将 CHT-5 型试块_____区_____号横孔反射波调整到满幅度的 80%，然后根据探测面情况进行适当表面耦合补偿（一般为 2～6 dB），作为探测焊缝轨头部位的探伤灵敏度。

（15）K1 斜探头检测轨腰焊缝现场法灵敏度调节：将探头横向置于轨头轨面，探测轨头下颚_____回波波高调至 80%，增益_____dB 后作为 K1 探测轨腰的探伤灵敏度。

（16）串列式扫查检测轨头焊缝声程"范围"为_____mm。

（17）串列式扫查检测轨头焊缝试块法灵敏度调节：将扫查架放在_____试块顶面，将扫查架 0 点对准距 a 面_____mm 处，转动扫查旋钮，找到_____号孔反射波最高波调到 80%，在此基础上增加 2~6 dB，作为探伤灵敏度。

2. 选择题

（1）直探头置于轨面纵向中部，距焊缝中心两边各（　　）mm 的区域内，实际操作中可以范围再稍大些，建议为（　　）mm。
　　A. 50　200　　　B. 100　100　　　C. 100　150　　　D. 100　200

（2）直探头在焊缝探伤中，焊缝中无缺陷时，荧光屏除始波外，同时还会显示（　　）。
　　A. 底波　　　B. 颚部波　　　C. 端角反射波　　　D. 草状波

（3）直探头检测钢轨焊缝时当焊缝中有（　　）状的（　　）缺陷，会出现轨底波和缺陷波同时显示的现象。
　　A. 水平　小　　B. 水平　大　　C. 倾斜　小　　D. 倾斜　大

（4）直探头检测钢轨焊缝时下列那种情况不会造成无缺陷波和无轨底波的异常显示现象（　　）。
　　A. 粗晶　　　B. 疏松　　　C. 大的倾斜伤　　　D. 水平裂纹

（5）采用单晶片 K1 斜探头检测钢轨焊缝时，扫查范围为距焊缝中心两边各（　　）mm 的区域内。
　　A. 200　　　B. 300　　　C. 400　　　D. 500

（6）采用单晶片 K1 斜探头检测钢轨焊缝时，因轨底处焊筋凸起，在探头距焊缝中心（　　）mm 左右，在荧光屏显示轨底焊筋轮廓波。
　　A. 150　　　B. 170　　　C. 190　　　D. 210

3. 判断题

（1）实际操作过程中可用手指沾油按压焊筋处，若波幅随手指压动而变化，则是焊筋轮廓波。（　　）

（2）有时会出现焊筋轮廓波明显延长或重复显示，除因焊筋轮廓不规则和焊渣影响外，多数是由于轮廓与母材间存在伤损。（　　）

（3）当裂纹方向同入射波方向垂直，产生回波，回波显示越靠后则裂纹距轨面越深。（　　）

（4）由于铝热焊筋凸出轨底，直探头在焊缝上时，轨底波出波位置会稍微向后移动。
（　　）

（5）因钢轨轨腰狭窄，超声波在钢轨侧壁反射，发生波型转换和路程增加，造成底波后面产生迟到波。
（　　）

（6）当灵敏度较高，探头一部分发散声束打到轨头下颚，产生颚部回波，可采用适当降低 3 dB 的方式，观察波形变化，加以区别。
（　　）

二、轨腰焊缝单直探头探伤实训报告

1. 基本信息

日期：_____年____月____日　　　天气：_____

班级：_____　　姓名：_____

组别：_____　　实训地点：_____

2. 实训的意义

3. 实训设备及备品

4. 实训步骤

5. 伤损信息

6. 考核评价

三、轨腰焊缝单斜探头探伤实训报告

1. 基本信息

   日期：_____年_____月_____日　　　　　天气：_____

   班级：_____　　　　　　　姓名：_____

   组别：_____　　　　　　　实训地点：_____

2. 实训的意义

3. 实训设备及备品

4. 实训步骤

5. 伤损信息

6. 考核评价

四、轨腰焊缝串列式扫查架探伤实训报告

1. 基本信息

日期：_____年____月____日　　　　天气：_____

班级：_____　　　　　姓名：_____

组别：_____　　　　　实训地点：_____

2. 实训的意义

3. 实训设备及备品

4. 实训步骤

5. 伤损信息

6. 考核评价

子项目七　利用单/双探头检测轨底焊缝

一、知识点练习

1. 填空题

（1）通用探伤仪对轨底探伤，一部分是轨底两侧，简称＿＿＿＿＿＿，另一部分是轨腰与轨底连接部分，简称＿＿＿＿＿＿。

（2）因轨底角厚度不大，为了让声程长些，以免受到始脉冲干扰，所以采用大角度斜探头——K＿＿＿＿＿＿。

（3）因为轨底上斜坡表面不平整，探头太大，不利于＿＿＿＿＿＿，探头偏斜和摆动也较为困难，所以一般选择探头的尺寸较小，如 9 mm×9 mm。

（4）因铝热焊焊筋宽大，探头前沿太长，不利于＿＿＿＿＿＿，所以一般选择短前沿探头。

（5）使用一个 K2.5 探头，分别按不同的偏角和位置进行纵向移动探头扫查，利用＿＿＿＿＿＿次波探测焊缝上半部分，一、三次波探测焊缝＿＿＿＿＿＿部分。

（6）K2.5 探头轨底角扫查要求和作用（见表 5.7.1）：

表 5.7.1　K2.5 探头轨底角扫查要求和作用

扫查区域	探头入射点距轨脚边	探头偏角	探头移动范围（距焊缝中心）	使用声波	探测范围（距轨底角边）
1 区			40~110 mm	二、三次波	0~15 mm
2 区			40~110 mm	二、三次波	10~25 mm
3 区			40~110 mm	二、三次波	20~35 mm
4 区			40~130 mm	一、二次波	30~45 mm
5 区			40~130 mm	一、二次波	40~55 mm
6 区			40~130 mm	一、二次波	50~65 mm

（7）轨底三角区圆弧处往往因为"＿＿＿＿＿＿""溢流飞边""＿＿＿＿＿＿"等产生裂纹源，常规的方法发现此处伤损比较难，可以将 K2.5 探头放置伤损对侧，距焊缝中心＿＿＿＿＿＿mm，距边侧＿＿＿＿＿＿mm，向内做＿＿＿＿＿＿的偏角，利用二次波扫查。

（8）小 K2.5 探头检测轨底焊缝声程"范围"为＿＿＿＿＿＿mm。

（9）小 K2.5 探头检测轨底焊缝试块调节法：将 CHT-5 型试块＿＿＿＿＿＿区＿＿＿＿＿＿号竖孔反射波调整到满幅度的 80%，然后根据探测面情况进行适当表面耦合补偿（一般为 2~6 dB），作为探测焊缝轨底部位的探伤灵敏度。

（10）小 K2.5 探头检测轨底焊缝试块调节法：在被探焊缝钢轨底角上进行调节，探头放置于轨底角上，探头入射点距边＿＿＿＿＿＿mm 左右，找出对边轨底角边回波最大值，调节仪器"增益",使轨底角最高回波_____,增益 15 dB,作为探测焊缝轨头部位的探伤灵敏度。

2. 选择题

(1) 轨底焊缝探伤时一般采用下列哪种探头（　　）。
　　A. 大 K2.5　　　　B. 小 K2.5　　　　C. 大 K1　　　　D. 小 K1

(2) 为确保轨底角得到全面扫查,可将轨底角划分（　　）个探测区。
　　A. 2　　　　　　B. 3　　　　　　　C. 5　　　　　　D. 6

(3) 焊缝轨底三角区圆弧处伤损,可以将 K2.5 探头放置伤损对侧,距焊缝中心（　　）mm,距边侧 10mm,向内做 20°~30°的偏角,利用二次波扫查。
　　A. 50　　　　　 B. 70　　　　　　 C. 110　　　　　D. 150

(4) 在探伤灵敏度上提高（　　）dB 作为扫查灵敏度。
　　A. 1~2　　　　　B. 2~3　　　　　　C. 3~4　　　　　D. 4~6

3. 判断题

(1) 探头远距离推向焊缝时,三次波打到焊筋下轮廓,出现焊筋下轮廓波。（　　）
(2) 缺陷在焊缝下方：缺陷直径小于超声束宽度时,会出现缺陷波和焊筋轮廓波同时显示。（　　）
(3) 缺陷在焊缝上方：二次波一部分打到伤损,一部分打到焊筋轮廓,缺陷波显示在焊筋上轮廓波前。（　　）
(4) 大缺陷在焊缝中心的波形显示：缺陷直径大于超声束宽度时,只会显示缺陷波,无焊筋轮廓波。（　　）
(5) 小缺陷在热影响区的波形显示：缺陷直径小于超声束宽度时,会出现缺陷波和焊筋轮廓波同时显示。（　　）

4. 问答题

(1) 请画出小缺陷在轨底焊缝中心下方的示意图及波形显示。

(2) 请画出小缺陷在轨底焊缝中心上方的示意图及波形显示。

(3) 请画出大缺陷在轨底焊缝中心的示意图及波形显示。

(4) 请画出小缺陷在热影响区的示意图及波形显示。

(5)请画出大缺陷在热影响区的示意图及波形显示。

(6)请简述双 K1 探头检测轨底焊缝试块法灵敏度调整的方法。

(7)请简述双 K1 探头检测轨底焊缝现场法灵敏度调整的方法。

二、轨底焊缝单探头探伤实训报告

1. 基本信息

日期：_____年_____月_____日　　　　天气：_____

班级：_____　　　姓名：_____

组别：_____　　　实训地点：_____

2. 实训的意义

3. 实训设备及备品

4. 实训步骤

5. 伤损信息

6. 考核评价

三、轨底焊缝双探头探伤实训报告

1. 基本信息

日期：_____年____月____日　　　　天气：_____

班级：_____　　　　姓名：_____

组别：_____　　　　实训地点：_____

2. 实训的意义

3. 实训设备及备品

4. 实训步骤

5. 伤损信息

6. 考核评价

项目六　钢轨探伤仪检测钢轨

子项目一　认识钢轨探伤仪

一、知识点练习

1. 选择题

（1）（　　）型探伤仪是铁路专用全数字式、高亮真彩显示、轻便手推式钢轨超声波探伤设备。

  A. GT-2+　　　　　B. CTS-9003　　　　C. CTS-1008　　　　D. CTS-1010

（2）GT-2+型钢轨探伤仪，共有（　　）个通道，（　　）个探头。

  A. 9　6　　　　　B. 5　4　　　　C. 6　9　　　　D. 4　5

（3）GT-2+型钢轨探伤仪，检测界面默认显示模式分为（　　）。

  A. 全A显　　　　　B. B显　　　　C. 放大B显　　　　D. AB同显

（4）GT-2+型钢轨探伤仪，检测轨头外侧的探头编号为（　　）。

  A. 3、3A　　　　　B. 2、2A　　　　C. 1、1A　　　　D. 4、5

（5）GT-2+型钢轨探伤仪，检测轨腰投影区的探头编号为（　　）。

  A. 3、3A　　　　　B. 2、2A　　　　C. 1、1A　　　　D. 4、5、6

（6）GT-2+型钢轨探伤仪，前翻板上的探头编号包含（　　）。

  A. 3、3A　　　　　B. 2、1　　　　C. 4、2　　　　D. 4、5

2. 简答题

（1）请写出图6.1.1中探伤仪整体结构中1~15的名称。

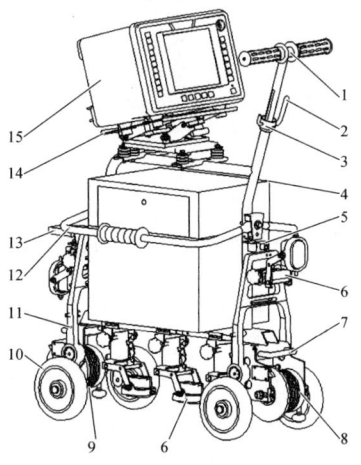

图6.1.1　钢轨探伤仪整体结构

（2）请描述主机仰角及水平角的调整的步骤。

（3）请描述翻板架的起落的方法。

（4）请描述编码轮角度调节的方法。

（5）请写出图 6.1.2 中各个探头的名称及编码。

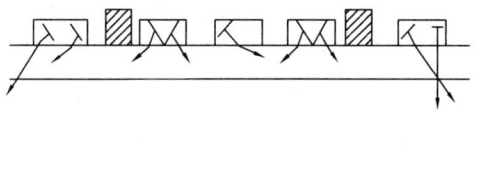

图 6.1.2　探头

（6）检测界面依据不同显示模式分为哪几种？通过什么切换？

（7）请写出图 6.1.3 中各个通道所代表的探头的名称。

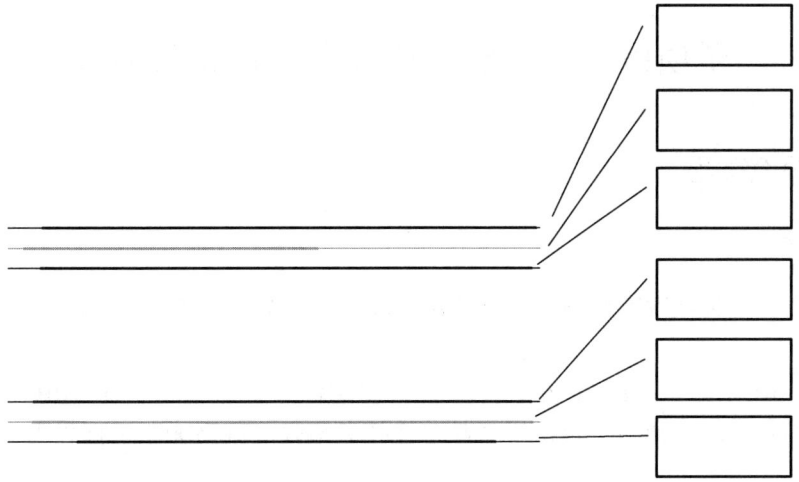

图 6.1.3　通道

子项目二　钢轨探伤仪参数调整与演练

一、知识点练习

1. 选择题

（1）斜打 70°探头灵敏度调整，找出横通孔最高波，调节衰减器使孔波波幅为 80%，增益（　　）。

  A. 12 dB　　　　B. 10 dB　　　　C. 8 dB　　　　D. 6 dB

（2）37°探头（4、5 通道）灵敏度调整，在孔波最强、波高 80%的前提下，增益（　　）以上。

  A. 14 dB　　　　B. 12 dB　　　　C. 10 dB　　　　D. 8 dB

（3）0°探头（6 通道）灵敏度调整，利用钢轨底面回波调节现场探伤灵敏度，底波 80%的前提下，增益（　　）。

  A. 2~5 dB　　　B. 6~10 dB　　　C. 11~15 dB　　　D. 16~20 dB

（4）0°探头闸门调整顺序为（　　）。

  A. A-C-B　　　B. C-B-A　　　C. A-B-C　　　D. B-A-C

（5）闸门 A 为（　　）。

  A. 底波闸门　　B. 螺孔波闸门　　C. 伤波闸门　　D. 端面波闸门

（6）0°探头具有（　　）探伤功能。

  A. 穿透式　　　B. 反射式　　　C. 衍射式　　　D. 穿透和反射式

2. 简答题

（1）请描述斜打 70°探头试块法调整灵敏度的方法。

（2）请描述斜打 70°探头现场法（无缝线路）调整灵敏度的方法。

（3）请描述斜打 70°探头现场法（有缝线路）调整灵敏度的方法。

（4）请描述斜打 70°探头灵敏度的修正措施。

（5）请描述斜打 70°探头高灵敏度经验法（无缝线路）。

（6）请描述直打 70°探头试块法调整灵敏度的方法。

（7）请描述直打 70°探头现场法（无缝线路）调整灵敏度的方法。

（8）请描述直打 70°探头现场法（有缝线路）调整灵敏度的方法。

（9）请描述 37°探头试块法调整灵敏度的方法。

（10）请描述 37°探头现场法（无缝线路）调整灵敏度的方法。

（11）请描述 37°探头现场法（有缝线路）调整灵敏度的方法。

（12）请描述 37°探头灵敏度的修正措施。

（13）请描述 0°探头试块法调整灵敏度的方法。

（14）请描述斜打 0°探头现场法调整灵敏度的方法。

（15）请描述斜打 0°探头闸门的方法。

（16）请描述斜打 37°探头闸门的方法。

（17）请描述斜打 70°探头闸门的方法。

子项目三　钢轨探伤正常波形及图像识读与演练

一、知识点练习

1. 填空题

（1）0°探头放置钢轨顶面中心，发射声束从轨面至轨底，能探测的区域为＿＿＿＿投影范围内。B 显图中从上往下依次是＿＿＿＿、轨颚线、轨面线、轨颚线、螺孔中心线、＿＿＿＿＿＿、轨底下表面线。

（2）当探头检测有螺孔部位时，0°探头在遇到螺孔时，A 型显示的显示屏闸门 B 处产生螺孔波，螺孔波与底波此消彼长，在 B 显图示中有一条＿＿＿＿＿＿。

（3）当 37°探头遇到螺孔时，会 B 型显示在轨颚线下方显示与螺孔回波深度相对应的两条斜线，经过拼孔后，成一个＿＿＿＿＿＿字。

（4）正常探测条件下，37°探头过每个钢轨接头都会显示＿＿＿＿＿＿，且波幅较强，如果无显示，除轨面状态不良外，一般为探伤灵敏度偏低，应及时进行修正。

（5）超声波经过轨端端面反射至第一孔，又称倒打螺孔波，由于受到轨缝的限制，只能倒打螺孔的＿＿＿＿＿＿，所以螺孔波走位不全。

（6）37°探头倒打一孔时，B 型显示时，并不认为超声波会转向，所以 B 显图显示在＿＿＿＿＿＿，显示长度小于正常螺孔图。

（7）37°探头跨过轨缝进入另一根轨面，超声波直接打到对侧的 1 孔，不过受到轨缝影响，只能打到螺孔的＿＿＿＿＿＿。

（8）直打 70°探头发送的超声波，在遇到钢轨轨端时，横波 S 以 20°的入射角入射，因小于＿＿＿＿＿＿，所以反射波形中既有横波 S 又有纵波 L，纵波以一定角度达到螺孔上，形成螺孔反射回波。

（9）据铁科院《75 kg/m 钢轨超声波探伤小车研究报告》，有如下关系：$K \cdot \sin\theta =$＿＿＿＿＿＿。

（10）60 轨 $q=$＿＿＿＿＿＿，50、75 轨 $q=$＿＿＿＿＿＿。

（11）斜打 70°探头轨颚处是一次波和二次波的＿＿＿＿＿＿，一次波声束覆盖范围约占轨头总面积 20%，二次波声束覆盖范围约占轨头总面积＿＿＿＿＿＿。

（12）一般斜 70°易出焊筋波，多在刻度 4~6 格出波，灵敏度偏高角度适当，有些焊筋波会在刻度＿＿＿＿＿＿出波，有些焊筋波会由刻度 7.5~6.5，断续以后再由＿＿＿＿＿＿出波，在此范围一般均属正常。

2. 选择题

（1）钢轨探伤中（　　）为探伤盲区。
　　A. Ⅰ区　　　　　B. Ⅱ区　　　　　C. Ⅲ区　　　　　D. Ⅳ区

（2）经过轨颚反射之前的超声波称为（　　　）。
　　　A. 轨颚波　　　　　B. 一次波　　　　　C. 二次波　　　　　D. 三次波
（3）轨颚反射之后的超声波称为（　　　）。
　　　A. 轨颚波　　　　　B. 一次波　　　　　C. 二次波　　　　　D. 三次波
（4）二次波声束覆盖范围约占轨头总面积（　　　）。
　　　A. 65%　　　　　　B. 55%　　　　　　C. 35%　　　　　　D. 45%
（5）一般斜70°易出焊筋波，多在刻度（　　　）格出波。
　　　A. 4~6　　　　　　B. 2~3　　　　　　C. 7~8　　　　　　D. 1~2
（6）前37°探头螺孔回波（　　　）移动。
　　　A. 从前向后　　　　B. 固定不动　　　　C. 来回移动　　　　D. 从后向前

二、任务报告

请描述仪器B显拼孔的方法及步骤。

子项目四　轨头核伤波形及图像识读与演练

一、知识点练习

1. 填空题

（1）核伤多数发生在钢轨轨头内，是轨头内的_____裂纹，一般出现在距踏面_____mm和距内侧_____处。

（2）当核伤发展至轨头表面而进入的水气氧化时，颜色呈暗褐色，称为_____。

（3）钢轨内部缺陷形成核伤：一般是因为钢轨在制造过程中存在_____、气泡、_____、缩孔等缺陷，在列车的反复作用下，使细小裂纹先是成核，然后向轨头四周发展，直至造成断轨，因此轨头一般_____表面伤损。

（4）踏面压宽和碾边主要发生在_____钢轨。

（5）轨头磨耗包含垂直磨耗和_____磨耗。

（6）钢轨表面的塑性变形达到一定深度时，在钢轨作用边（特别是在曲线上股）出现程度不同的裂纹，这种裂纹外形形似鱼鳞，所以俗称_____，该裂纹始于轨头_____附近。

（7）钢轨踏面表层或亚表层存在非金属夹杂物时，将会加速剥离裂纹的萌生和扩展，甚至产生_____。

（8）接头_____范围内的焊补核伤发展更快，如在轨头处已形成的裂纹就会加速其发展，从而在焊补层下形成核伤。

（9）核伤位于轨颚附近，一、二次回波_____显示。

（10）核伤位于轨头上方，一、二次波扫查区，B型显示在_____附近和离轨颚线较远的_____。

（11）规则核伤回波显示规律一般具有伤损垂直高度越大，A型显示回波_____越大、B型显示伤损图形_____的特点。

（12）核伤位于一、二次重叠扫查区时，则A型显示一、二次波都有，B型显示在同一垂线附近出现_____伤损图形。

（13）核伤处于一次波扫查范围之外，则A型显示仅有二次波显示，B型显示在下方仅有_____伤损图形。

（14）如果核伤直径已经很大，则A型显示伤波近似与_____回波，B型显示较长的伤损图形从轨颚线下方至轨面线附近。

（15）A型显示回波位置靠近起点，B型显示靠近_____。

（16）由于疲劳源的倾斜，以及双线地段列车_____运行或单线地段上、下行列车运量_____，使核伤早期呈倾斜性发展。

（17）为防止倾斜性核伤漏检，最有效的方法是增加_____。

（18）轨顶面剥离伤，在外观一般有_____现象和颜色变化，仪器校对时，提高_____dB，在_____偏内校对。

（19）超声波在薄层中多次反射后被探头接收，B 型显示_____附近会有不规则的、密集分布的点。

（20）由于钢轨接触疲劳强度不足，_____或部分直线地段形成鱼鳞状剥离，B 型显示轨颚线下会形成连续图形，且离轨颚线_____。

（21）无缝线路钢轨焊缝，轨头下颚都存在一个凸起的_____，探伤中一般都会产生回波，由于其几何形状不一，回波显示的位移和强弱略有差异，_____接头回波强。

（22）"焊筋波"显示_____或_____70°有显示，可能形成伤损。

（23）鱼鳞伤+核伤 B 显对比：鱼鳞伤，____通道、分散、长度____，"顶部"与____均有距一定距离，若"鱼鳞伤"个别长、顶部突出、_____参考线，说明该鱼鳞伤有向下发展成横向裂纹的可能。

（24）鱼鳞伤+焊缝焊筋 B 显对比：焊缝焊筋_____通道、密集、显示点长（焊筋两侧有台阶）。

（25）一般核伤"朝_____探头显示""波图更长"，因为伤损"起源"往往在一侧或中部产生。

（26）剥离层下的核伤因轨面多处剥离，二次波受阻，只有_____显示。

（27）速度超过 160 km/h 的线路长度超过 25 mm 且深度超过_____mm 的剥落掉块可判定为重伤轨。

（28）擦伤较深或存在"锅底""月牙"型损伤，这时应把仪器_____复查或进行校对，防止擦伤引发的核伤漏检。

（29）钢轨接头轨头侧面出现斜条状齿痕，B 型显示在轨颚线下出现_____图形，可根据外观和波形显示来区别。

（30）轨头颚部锈蚀严重时，较深的锈损坑使超声波产生反射。会出现间断而短促的报警声，显示_____的跳跃波。

（31）钢轨接头连接件夹板端头与钢轨长期摩擦，形成一定深度的_____。

（32）实际探伤过程中直打 70°探头所在通道范围设定为_____mm，一般情况下显示不出螺孔波，但个别情况因为灵敏度调高，发散声束会打到螺孔，应注意鉴别。

（33）_____反射，可以通过松开接头螺栓，使夹板与钢轨分离，破坏透声途径进行判别。

2. 选择题

（1）轨头内的横向裂纹称为（　　）。
　　A. 横向裂纹　　　　B. 轨头裂纹　　　　C. 核伤　　　　D. 纵向裂纹

（2）当核伤面积发展到轨头截面的（　　）（相当于直径 21～40 mm）将发生断轨。
　　A. 5%~10%　　　B. 10%~15%　　　C. 15%~20%　　　D. 20%~30%

（3）以下（　　）不属于钢轨在制造过程中存在的缺陷。
　　A. 热裂纹　　　　B. 气泡　　　　C. 夹渣　　　　D. 缩孔

（4）裂纹外形形似鱼鳞，俗称（　　）。
　　A. 核伤　　　　B. 鱼鳞伤　　　　C. 擦伤　　　　D. 波形磨耗

（5）核伤的反射面与钢轨纵向（　　　）。
  A. 基本平行　　　　B. 倾斜　　　　　C. 有一定夹角　　D. 基本垂直
（6）回波位置刻度越大，核伤距轨面（　　　）。
  A. 越近　　　　　　B. 越远　　　　　C. 中间　　　　　D. 无法确定

3. 简答题

请问常见的核伤校对方法有哪些？分别说明适用情况。

二、轨头核伤波形及图像识读实训报告

1. 基本信息

  日期：_____年_____月_____日　　　　天气：_____

  班级：_____　　　　姓名：_____

  组别：_____　　　　实训地点：_____

2. 实训的意义

3. 实训设备及备品

4. 实训步骤

5. 伤损信息

6. 考核评价

子项目五 螺孔裂纹波形及图像识读与演练

一、知识点练习

1. 填空题

（1）螺孔周围产生较高的局部应力，且沿与纵向_____角方向应力最大。

（2）在养护维修不当产生的接头_____、大轨缝、_____、道床板结等使接头区域附加动力加剧，螺孔裂纹很容易产生。

（3）一般螺孔裂纹通常是在第____孔处形成，分别向轨头及轨底方向扩展。

（4）前37°探头遇到下斜裂纹，A 型显示的荧光屏在闸门 B_____面螺孔向下裂纹波，并与闸门 B 后沿相隔。

（5）一般认为：显示裂纹波的起点刻度值越大、回波位移_____，裂纹也越长。

（6）前37°探头探测遇到上斜裂纹时，当裂纹长度不长时，两个波形走位的区间_____，均在闸门_____内，B 型显示为螺孔图像与裂纹图像_____，且经过拼孔后，上裂纹与后37°螺孔图像_____。

（7）当遇有向上裂纹时，37°打到的上裂纹与 0°打到螺孔波显示同时，这种判伤方法称为_____。

（8）水平裂纹显示在螺孔波之后，并与螺孔波后沿_____，在 B 显图中，37°探头发现的水平裂纹图像，与_____图像末端相连。

（9）倒打一孔螺孔下裂纹，出波位置与正常顺打下裂纹位置_____，B 型显示在轨缝线的_____，判伤时要格外注意。

（10）螺栓回波，可采用_____螺栓方法，使螺栓与螺孔接触面分离，螺栓回波会消失。

（11）倒打螺孔波后移，可以通过目视_____方法进行区别。

（12）当螺孔距轨端距离逐渐减少时，超声波倒打螺孔的距离_____，所以产生的 B 显图像深度位置不变，只不过随着距离不断变小，倒打螺孔波出波逐渐_____，B 显更加饱满，并且倒打螺孔图像逐渐向_____线移动。

（13）如遇伤损图形与螺孔显示图间距过大、伤损显示点扭曲、不连续，这就有可能是轨腰上的_____标志产生的非螺孔裂纹图形。

（14）螺孔卷边和毛刺：探测时会有类似螺孔_____裂纹波显示，其特点是波幅低，显示不稳定或一闪而过。

2. 选择题

（1）螺孔周围产生较高的局部应力，且与纵向呈（　　）方向应力最大。

   A. 45°   B. 50°   C. 55°   D. 60°

（2）A 型显示，先显示裂纹波，后显示螺孔波，则该伤损为（　　）。
   A. 上斜裂纹　　　　　　　　B. 水平裂纹
   C. 垂直裂纹　　　　　　　　D. 下斜裂纹
（3）A 型显示，先显示螺孔波，后显示裂纹波，则该伤损为（　　）。
   A. 上斜裂纹　　　　　　　　B. 水平裂纹
   C. 垂直裂纹　　　　　　　　D. 下斜裂纹
（4）A 型显示，显示在螺孔波之后，并与螺孔波后沿相邻，则该伤损（　　）。
   A. 上斜裂纹　　　　　　　　B. 水平裂纹
   C. 垂直裂纹　　　　　　　　D. 下斜裂纹
（5）钢轨探伤仪 A 型显示第一螺孔波后会紧接着出现类似螺孔向上裂纹波，则为（　　）。
   A. 上斜裂纹　　　　　　　　B. 水平裂纹
   C. 螺孔顶面反射波　　　　　D. 下斜裂纹
（6）探测时有类似螺孔水平裂纹波显示，其特点波幅低，显示不稳定或一闪而过则为
（　　）。
   A. 上斜裂纹　　　　　　　　B. 螺孔卷边和毛刺
   C. 水平裂纹　　　　　　　　D. 下斜裂纹

3. 简述题

（1）请从左到右写出图 6.5.1 中可能存在的异型孔。

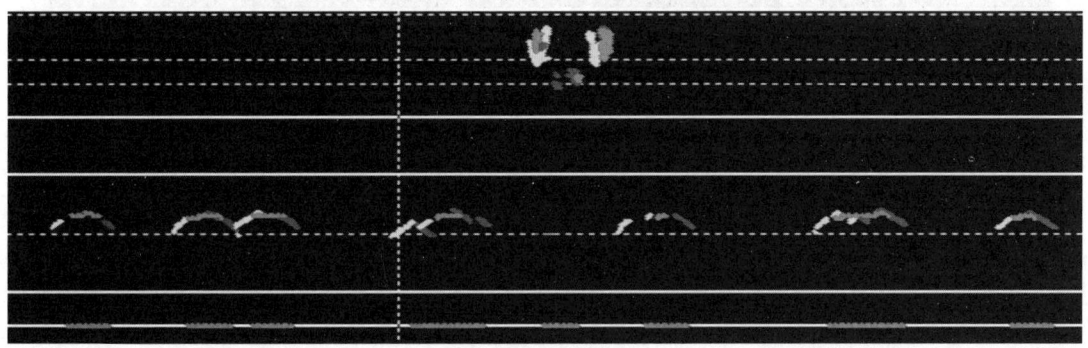

图 6.5.1　异型孔

（2）请描述螺孔顶面反射波与螺孔波出波顺序的关系。

（3）请从左到右描述图 6.5.2 中各个伤损的类型。

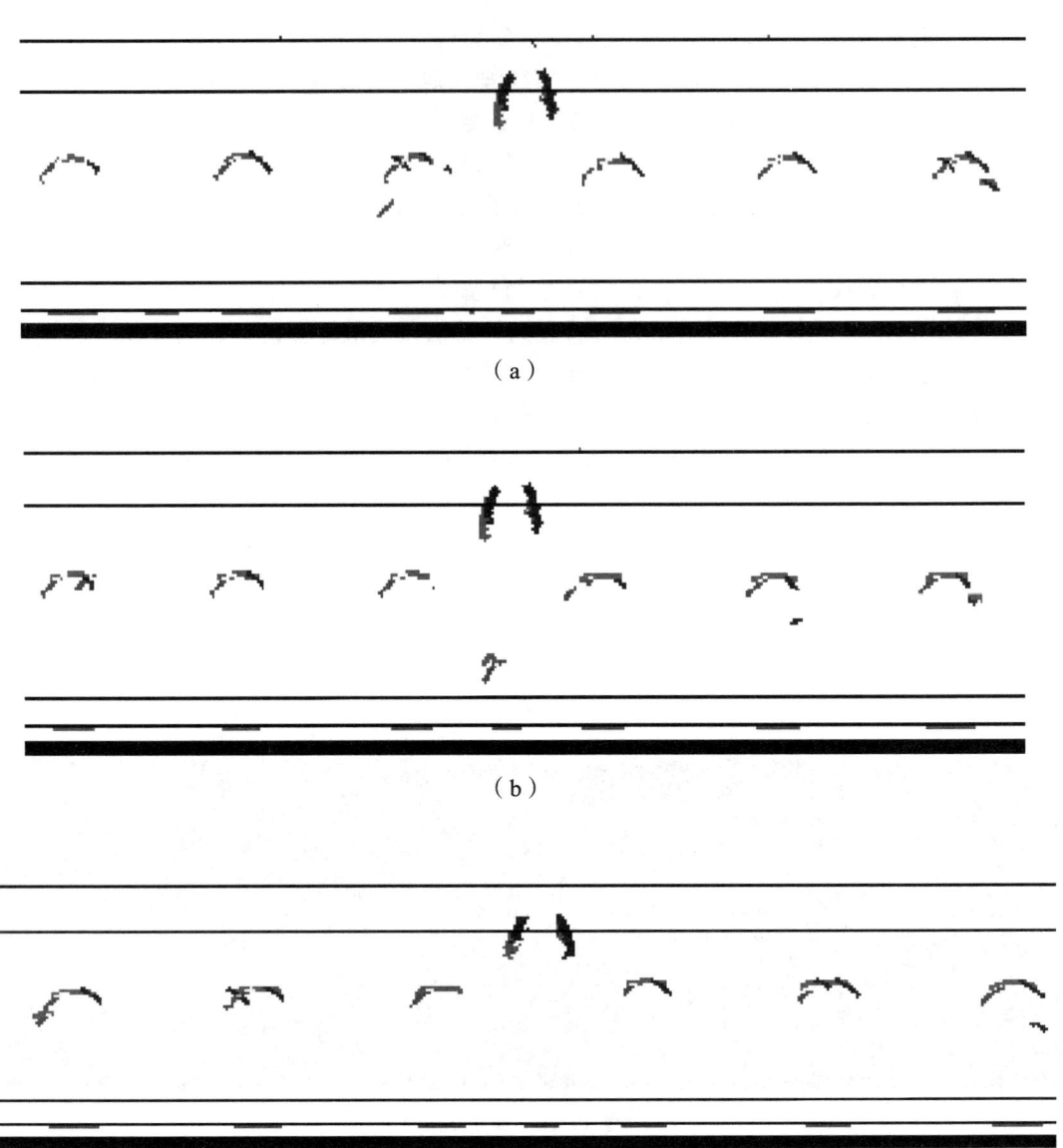

图 6.5.2　伤损波形

二、螺孔裂纹波形及图像识读实训报告

1. 基本信息

   日期：_____年_____月_____日　　　　天气：_____

   班级：_____　　　姓名：_____

   组别：_____　　　实训地点：_____

2. 实训的意义

3. 实训设备及备品

4. 实训步骤

5. 伤损信息

6. 考核评价

子项目六　轨底横向裂纹波形及图像识读与演练

一、知识点练习

1. 填空题

（1）如果厂焊缝处轨底 B 显出现正"八"字或倒"八"字时，应用_____进行复核定位确认。

（2）因为钢轨轨底属于受拉区，一般_____mm 高轨底横向裂纹容易引起钢轨折断。

（3）轨底横向裂纹一般呈_____型扩展，且与轨底面垂直。

（4）轨底横向裂纹与轨底面构成直角反射，在探伤中前、后 37°探头会产生两次回波（A 型显示波形一般出现在 9~10 格），在 B 显图中呈现_____字。

（5）铝热焊因焊筋较粗，台阶向下凸出约 3~5 mm，一般前、后 37°探头均有焊筋轮廓波显示，这就是一般所说的_____字，厂焊筋因厂焊缝焊接时推瘤方向的影响，探伤仪一般只有一个 37°探头出现焊筋波，B 显会出现_____型显示。

（6）铝热焊和气压焊轨底焊筋部位伤损因有焊筋波的影响，同一探头轨底部位 B 显出现 2 条斜线，一般有_____伤损。

2. 选择题

（1）在锈蚀严重部位或磨损的台阶边会产生（　　）。
　　A. 上斜裂纹　　　　B. 水平裂纹　　　　C. 横向裂纹　　　　D. 下斜裂纹

（2）钢轨轨底属于受拉区，一般（　　）高轨底横向裂纹容易引起钢轨折断。
　　A. 2 mm　　　　　B. 3 mm　　　　　C. 4 mm　　　　　D. 5 mm

（3）在探伤中前、后 37°探头都会产生回波，A 型显示波形一般出现在 9~10 格，则该伤损为（　　）。
　　A. 上斜裂纹　　　　B. 水平裂纹　　　　C. 轨底横向裂纹　　D. 下斜裂纹

（4）37°探头检测轨底横向裂纹利用的是（　　）原理。
　　A. 端角反射　　　　B. 折射　　　　　　C. 透射　　　　　　D. 反射

（5）横向裂纹一般呈（　　）扩展，且与轨底面垂直。
　　A. 圆形　　　　　　B. 月牙形　　　　　C. 三角形　　　　　D. 锥形

3. 简答题

（1）请简述轨底横向裂纹确认的方法。

（2）请简述哪些地方容易产生轨底横向裂纹。

二、轨底横向裂纹波形及图像识读实训报告

1. 基本信息

日期：_____年_____月_____日　　　　天气：_____

班级：_____　　　　姓名：_____

组别：_____　　　　实训地点：_____

2. 实训的意义

3. 实训设备及备品

4. 实训步骤

5. 伤损信息

6. 考核评价

子项目七　水平裂纹和斜裂纹波形及图像识读与演练

一、知识点练习

1. 填空题

（1）轨头下颚裂纹的概率较高，其起源于轨端边角、端面或轨头下颚过渡圆弧＿＿＿＿＿＿。

（2）焊缝处因夹渣、＿＿＿＿＿＿＿＿也容易产生从外向内的水平裂纹或者斜裂纹。

2. 选择题

（1）水平裂纹的产生是由于钢在冶炼时产生的（　　），在轧制过程中沿轧制方向延展而成的。

  A. 严重偏析　　　　　　　　B. 气孔
  C. 夹渣　　　　　　　　　　D. 疏松

（2）由于接头状态对轨端受力影响较大，所以在轨端形成（　　）的概率较高。

  A. 轨头核伤　　　　　　　　B. 轨头下颚裂纹
  C. 螺孔水平裂纹　　　　　　D. 螺孔斜裂纹

（3）焊缝处因夹渣、溢流飞边也容易产生从外向内的（　　）水平裂纹。

  A. 轨头核伤　　　　　　　　B. 横向裂纹
  C. 水平裂纹　　　　　　　　D. 斜裂纹

（4）0°探头检测轨腰单侧水平裂纹，A显（　　）。

  A. 只有底波　　　　　　　　B. 无底波
  C. 只有伤波　　　　　　　　D. 既有底波又有伤波

（5）0°探头检测轨腰，A显伤波断断续续，则该伤损为（　　）。

  A. 横向裂纹　　　　　　　　B. 水平裂纹
  C. 严重锈蚀　　　　　　　　D. 轨腰斜裂纹

（6）钢轨制造时产生的（　　），以及在随后使用中因折叠、轨腰凹入标记（炉号）和外伤引起的轨腰纵向疲劳裂纹。

  A. 轨腰水平裂纹　　　　　　B. 轨腰斜裂纹
  C. 轨腰横向裂纹　　　　　　D. 轨腰鼓包

二、水平裂纹和斜裂纹波形及图像识读实训报告

1. 基本信息

   日期：_____年____月____日　　　　　天气：_____

   班级：_____　　　姓名：_____

   组别：_____　　　实训地点：_____

2. 实训的意义

3. 实训设备及备品

4. 实训步骤

5. 伤损信息

6. 考核评价

子项目八 纵向裂纹波形及图像识读与演练

一、知识点练习

1. 填空题

（1）纵向裂纹在被发现前可以在钢轨内扩展_____cm 长，当它发展到轨头边缘时或转向时才改变方向。

（2）纵向裂纹的三种形式分别为_____、_____、_____。

2. 选择题

（1）纵向裂纹是呈钢轨中心线的劈裂状，产生原因是由（　　）的缺陷带来的。
   A. 钢厂生产中　　　　　　　　　B. 使用中
   C. 焊接中　　　　　　　　　　　D. 打磨中

（2）一般产生在轨底或轨腰部位，多数存在的倾斜劈裂，发射的声波被阻隔，出现失底波报警，则该伤损为（　　）。
   A. 曲线形纵向裂纹　　　　　　　B. 直线形纵向裂纹
   C. S 形裂纹　　　　　　　　　　D. 波浪形裂纹

（3）当纵向裂纹的形状不规则，伤损的宽度和深度各不相同时，有时会显示位置不固定的回波，开大增益时，也会显示断续的轨底回波，则该伤损为（　　）。
   A. 曲线形纵向裂纹　　　　　　　B. 直线形纵向裂纹
   C. S 形裂纹　　　　　　　　　　D. 波浪形裂纹

（4）超声波在其开口顶端反射，回波幅度强，波形稳定，则该伤损为（　　）。
   A. 曲线形纵向裂纹　　　　　　　B. 直线形纵向裂纹
   C. 开口形纵向裂纹　　　　　　　D. 波浪形裂纹

（5）如果原有缩孔残余或夹杂物在轨头内，就会产生（　　）。
   A. 轨头核伤　　　　　　　　　　B. 轨头断裂
   C. 轨头裂纹　　　　　　　　　　D. 轨头纵向破裂

（6）纵向裂纹在被发现前可以在钢轨内（　　）。
   A. 固定不变　　　　　　　　　　B. 扩展几十或几百厘米长
   C. 扩展几厘米　　　　　　　　　D. 形成核伤

3. 简答题

纵向裂纹大多数情况表现为失底波，但是并不是所有的失底波都是纵向裂纹，请简述应重点排除那些情况。

二、纵向裂纹波形及图像识读实训报告

1. 基本信息

日期：_____年_____月_____日　　　　天气：_____

班级：_____　　　姓名：_____

组别：_____　　　实训地点：_____

2. 实训的意义

3. 实训设备及备品

4. 实训步骤

5. 伤损信息

6. 考核评价

项目七 大型钢轨探伤车检测钢轨

子项目一 认识大型钢轨探伤车

一、知识点练习

1. 填空题

（1）钢轨探伤车是由动力车和_____通过自动车钩及折棚风挡连接而成。

（2）整车前后端均设有_____，可进行双向行驶、双向操纵、双向检测。

（3）轮探头外面是透声树脂材料制成的轮胎状柔性探测外膜，内部充满专用_____，轮轴上装有固定_____。探伤时，外膜随探伤车的运动而转动，但晶片固定，保持声波的发射和接收。

（4）0°换能器（晶片）：可检测钢轨Ⅱ区中水平取向和钢轨纵向垂直劈裂类型缺陷，另外还可探测_____螺孔裂纹。

（5）45°换能器实际角度为_____。

2. 简答题

（1）请简述80车内部布局包括哪些。

（2）请简述80车外部硬件组成有哪些。

子项目二　大型钢轨探伤车调试与演练

知识点练习

（1）设置轮探头调零架：通过调整钩子下端的两个螺母位置，或者调整架底座上_____形螺栓的位置，来保证调整架两侧立柱与底座之间，不能留有_____。

（2）安装探轮架燕尾部分：轮探头调零架的上部比下部_____一些，因此安装探轮时，将调整架上下倒置比较方便。

（3）在轮探头外膜上以及调零架铝块表面涂_____，将两侧的把手置于锁定位，然后将轮探头调零架转为正常位。

（4）用调零专用电缆将轮探头与_____相连，这样就可以准确地调整探轮的0°声束的准直了。

（5）用内六角扳手，松开轮探头两侧的探轮轴紧固螺钉，使用扳手旋转轮探头轴，直到在探伤仪上显示的底波幅度达到_____。

（6）探轮调零是否准确直接影响该探轮所有通道_____及内部各通道的检测位置，直接影响检测效果。

（7）_____是指轮探头受到自重、弹簧或风缸作用向轨面施加一定压力而产生的探轮与钢轨的接触面的长度。

（8）下压量调整很关键，下压量_____一般容易导致探轮外膜破碎或扎轮，下压量_____容易导致超声波无法到达钢轨。

（9）调整下压量：调整轮探头下压量，使其上下移动，使自始脉冲到第一次界面波的时间为_____μs，一般此时探头与钢轨接触长度为_____mm。

子项目三　大型钢轨探伤车轮探头维修与演练

知识点练习

（1）取下探轮座挡盖：轮探头轴有_____个挡盖，每侧用两个内六角螺钉固定在探轮座上。

（2）轮探头内部液体的压力可能比较高，可以通过按下轮探头法兰盘上的_____减压。

（3）利用充液罐继续向轮探头补充探轮液，利用_____测量外径，以决定充液压力是否合适，轻轻敲击轮胎，使气泡_____，然后按下排气阀排出气泡。

子项目四　大型钢轨探伤车检测数据分析与演练

知识点练习

（1）探伤车超声检测可疑钢轨伤损报警分为三级：_____报警，B 型图未形成明显的伤损形态走势；_____报警，B 型图形成较为明显的伤损走势；_____报警，B 型图显示为严重伤损。

（2）所有伤损一旦复核确认是伤损，必须报_____进行下一步处理。

（3）探伤车_____伤损复核后一旦确认不是伤损，在下次检测中该处即使再出现此类较强反射也不判为伤损（探伤车检测和数据分析人员对复核结果有怀疑的除外）。

（4）探伤车二级伤损复核后没有确认是伤损，并且确认没有干扰波的情况下，如果下次检测时该处没有反射或反射波形没有发展，_____或不再判为伤损。如果下次检测时该处伤损图形有_____，则可以维持二级伤损或升为三级伤损。

项目八 双轨探伤仪检测钢轨

子项目一 认识双轨探伤小车硬件结构

一、知识点练习

（1）双轨探伤技术成为钢轨_____探伤开发新的技术亮点，为实现我国铁路运输安全提供技术保障。

（2）双轨式探伤仪主要包括驱动系统、_____、电气控制系统和_____等四个子系统。

（3）探伤系统包括超声波____、多通道高速超声波信号_____和伤损数据分析____，其采用高速采集设备对信号进行采样，通过软件对采集后的数据进行分析处理，对钢轨损伤进行一定的预判。

（4）电气控制柜主要负责整车的电气_____及____。

（5）超声波探轮：根据钢轨探伤的要求，声学配置应满足同时检测____两股道钢轨的轨头、轨腰_____、轨底中部_____等部位伤损的需要。

（6）在钢轨中折射角为 70°波束的超声波探头，用来检测钢轨头部的____。

（7）在钢轨中产生 37.5°波束的超声波探头，用来检测不同朝向的____裂纹和____裂纹。

（8）在钢轨中产生 0°垂直向下的超声波波束，用来检测钢轨任何部位____裂纹。

（9）探轮内充满_____，确保超声波无损传播，其配比为约 25%乙二醇配水及其他添加剂。

（10）通道探伤仪：两个轮式探轮，每个探轮___个通道，共___个通道，采集超声波信号并处理、显示。

二、双轨式探伤小车实训报告

1. 基本信息

   日期：_____年_____月_____日　　　天气：_____

   班级：_____　　姓名：_____

   组别：_____　　实训地点：_____

2. 实训的意义

3. 实训设备及备品

4. 实训内容

（1）请填写图 8.1.1 所示双轨式探伤小车各部件名称。

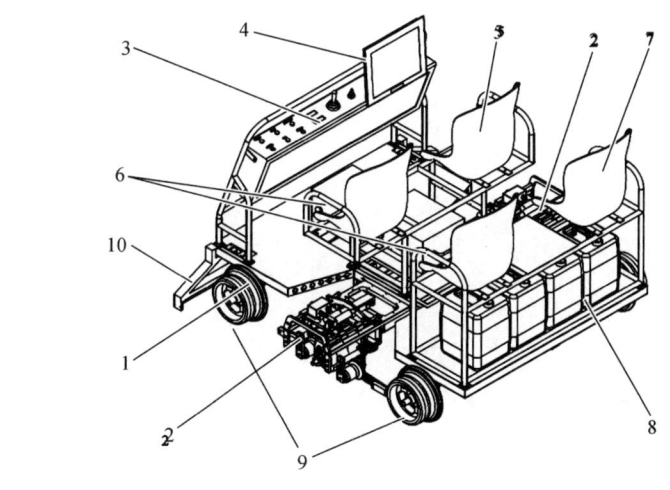

1—_____；2—_____；3—_____；4—_____；5—_____；
6—_____；7—_____；8—_____；9—_____；10—_____。

图 8.1.1　双轨探伤小车

（2）请填写图 8.1.2 所示双轨式探伤小车对中机构总成中各部件的名称。

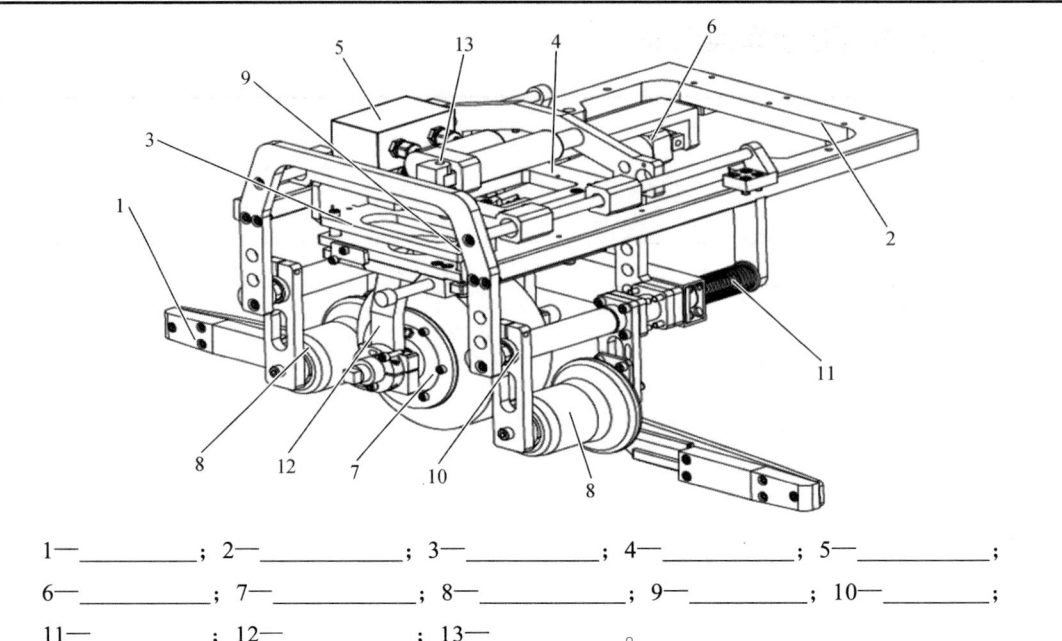

1—_____; 2—_____; 3—_____; 4—_____; 5—_____;
6—_____; 7—_____; 8—_____; 9—_____; 10—_____;
11—_____; 12—_____; 13—_____。

图 8.1.2　对中机构总成

5. 考核评价

子项目二　认识双轨探伤小车探伤界面

一、知识点练习

1. 填空题

（1）按照组装过程的连线方式把硬件部分连接完成。注意左右探轮的探头线连接，注意_____与_____网络线连接可靠。

（2）探伤仪进入 A 显工作状态后，会显示报警区、_____、通道区、_____。

（3）当探伤工作需要调整单一通道的灵敏度和闸门时，用鼠标或手指（设备有触摸屏）点击"_____"，然后再点击"增益"。

（4）上线工作状态设置设有"线路名称""_____""天窗结束点""上下行""_____"这五项是需要按当前工作情况点击下拉选择以改变。

（5）一个报警信号可以在屏幕上显示____s 左右。此时点击报警信号所在小格，可以将____m 区段的信号在下方的放大区放大显示。

（6）放大区的轨头部分分解为_____三部分，每部分的上部代表钢轨_____，下部为深度方向____部位。

（7）底波监控：监控左右轮探测的轨底波信号（仅监控底波），当底波发生前后____和幅度变化，在图形中也有相应变化。

（8）对于判断过的报警信号，设备可以通过"_____"方式记录到存储文件内，在回放软件中。

2. 选择题

单一通道灵敏度调节：点击被调整通道图标（带颜色方块），然后点击右边△或▽图标，该通道灵敏度增加或减少（　　　）dB。

A. 0.2　　　　B. 0.3　　　　C. 0.5　　　　D. 1.0

二、双轨式探伤小车通道信息实训报告

1. 基本信息

   日期：_____年____月____日　　　　天气：_____

   班级：_____　　　　　姓名：_____

   组别：_____　　　　　实训地点：_____

2. 实训的意义

3. 实训设备及备品

4. 实训内容

   请填写图 8.2.1 中双轨式探伤小车各通道的信息。

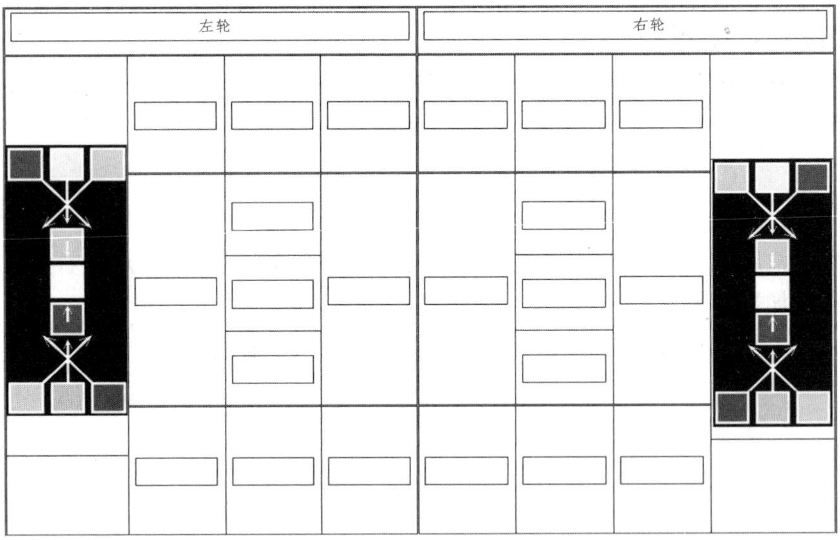

   图 8.2.1　探伤小车通道

5. 考核评价

子项目三　标定各通道的探头

一、知识点练习

1. 填空题

（1）定标钢轨采用集团有限公司双轨式钢轨超声波探伤仪暂行技术条件中的_____样轨。

（2）因为探轮为整体结构，所以探轮_____的保证是各个通道探头标定的基础。

（3）在停车状态下，用手触摸探轮与钢轨贴合部位内外侧，检查探轮横向居中情况，观察 A 显情况下____探头的底波状态，调节____度通道灵敏度，将轨底波降低到____左右。

（4）如倾斜情况有内外不均，则操控手柄____通道轨底波会升高降低，找到最高波峰位置，松开操控手柄，恢复____通道灵敏度在正常工作灵敏度即可。

（5）探轮中 5 通道为 0°探头，检测轨头至轨底的____裂纹等伤损。

（6）探轮中的 4 和 6 这两个通道是 37°探头，探测范围是从____到____，可以发现螺孔裂纹，轨底裂纹等伤损。

（7）探轮中有 6 个 70°探头，其中包括 4 个___70°探头和 2 个____70°探头，做到对轨头的全覆盖检测。

（8）斜 70°是以 26°斜打入的_____平底孔来标定，直 70°是以轨端 70°斜打入的深_____平底孔来标定。

（9）静态标定灵敏度不得直接用于探伤作业，____标定合格的灵敏度可直接作为扫查灵敏度。

2. 选择题

（1）0°探头的标定，探轮状态调整好后移动仪器使探轮置于 A 端 3 孔上方，前后微调探轮位置，使（　　）mm 螺孔水平裂纹回波至最大。
　　A. 3　　　　　　B. 5　　　　　　C. 7　　　　　　D. 9

（2）0°探头的标定，调整增益使伤损回波高度至（　　）。
　　A. 50%　　　　　B. 60%　　　　　C. 70%　　　　　D. 80%

（3）0°探头的标定，在调整完伤损回波高度后，增加（　　）dB 进行 B 显探伤。
　　A. 4~6　　　　　B. 6~8　　　　　C. 9~12　　　　　D. 10~12

（4）37°探头标定的伤损为螺孔的（　　）mm 上裂和下裂。
　　A. 3　　　　　　B. 4　　　　　　C. 5　　　　　　D. 8

（5）37°探头的标定，在调整完伤损回波高度后，增加（　　）dB 进行 B 显探伤。
　　A. 6~10　　　　B. 8~12　　　　　C. 9~15　　　　　D. 10~15

（6）70°探头的标定，在调整完伤损回波高度后，增加（　　）dB 进行 B 显探伤。
　　A. 5~10　　　　B. 6~12　　　　　C. 7~14　　　　　D. 8~15

二、双轨式探伤小车 0°探头通道标定实训报告

1. 基本信息

   日期：_____年____月____日　　　　天气：_____

   班级：_____　　　　　姓名：_____

   组别：_____　　　　　实训地点：_____

2. 实训的意义

3. 实训设备及备品

4. 实训步骤

5. 标定数据

6. 考核评价

三、双轨式探伤小车 37°探头通道标定实训报告

1. 基本信息

日期：_____年_____月_____日　　　　天气：_____

班级：_____　　姓名：_____

组别：_____　　实训项目：_____

2. 实训的意义

3. 实训设备及备品

4. 实训步骤

5. 标定数据

6. 考核评价

四、双轨式探伤小车 70°探头通道标定实训报告

1. 基本信息

   日期：_____年_____月_____日　　　　天气：_____

   班级：_____　　　　　　姓名：_____

   组别：_____　　　　　　实训项目：_____

2. 实训的意义

3. 实训设备及备品

4. 实训步骤

5. 标定数据

6. 考核评价

子项目四　双轨探伤小车典型伤损图谱识读与演练

知识点练习

（1）请根据图 8.4.1 分析图中伤损。

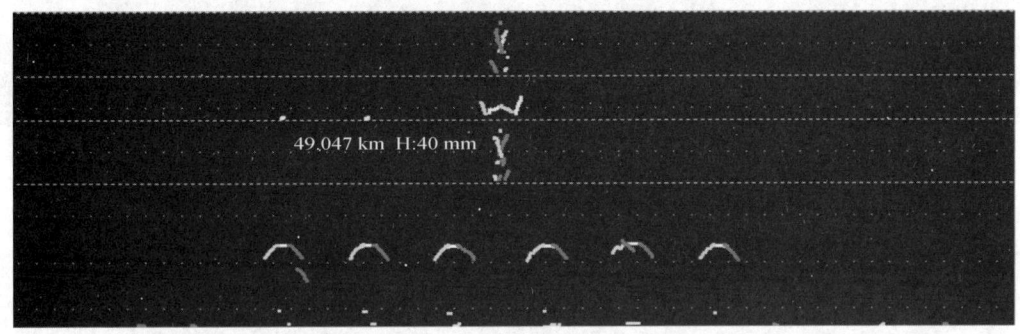

图 8.4.1　钢轨伤损（一）

（2）请根据图 8.4.2 分析图中伤损。

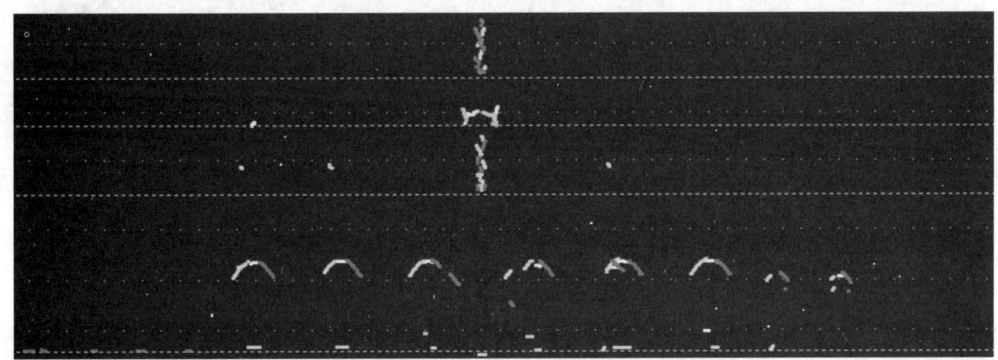

图 8.4.2　钢轨伤损（二）

（3）请根据图 8.4.3 分析图中伤损。

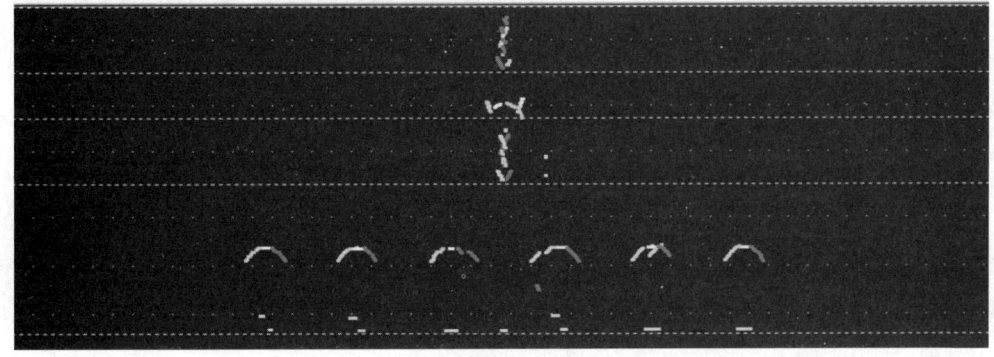

图 8.4.3　钢轨伤损（三）

（4）请根据图 8.4.4 分析图中伤损。

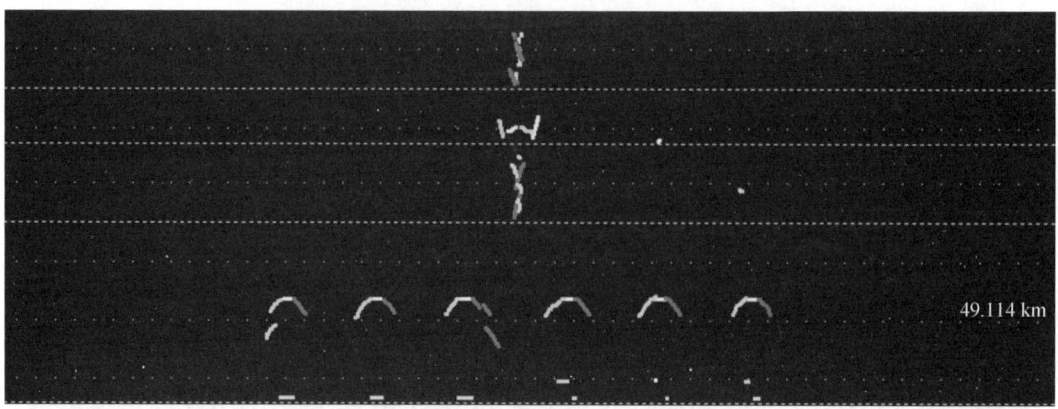

图 8.4.4　钢轨伤损（四）

（5）请根据图 8.4.5 分析图中伤损。

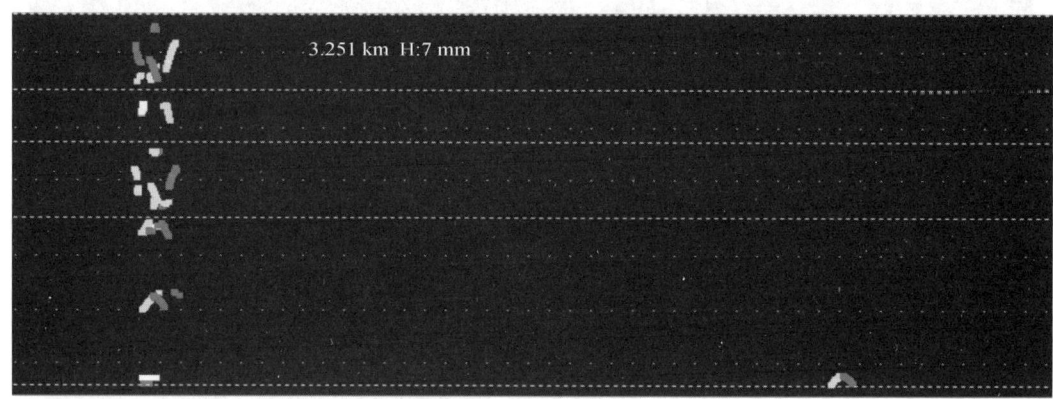

图 8.4.5　钢轨伤损（五）

（6）请根据图 8.4.6 分析图中伤损。

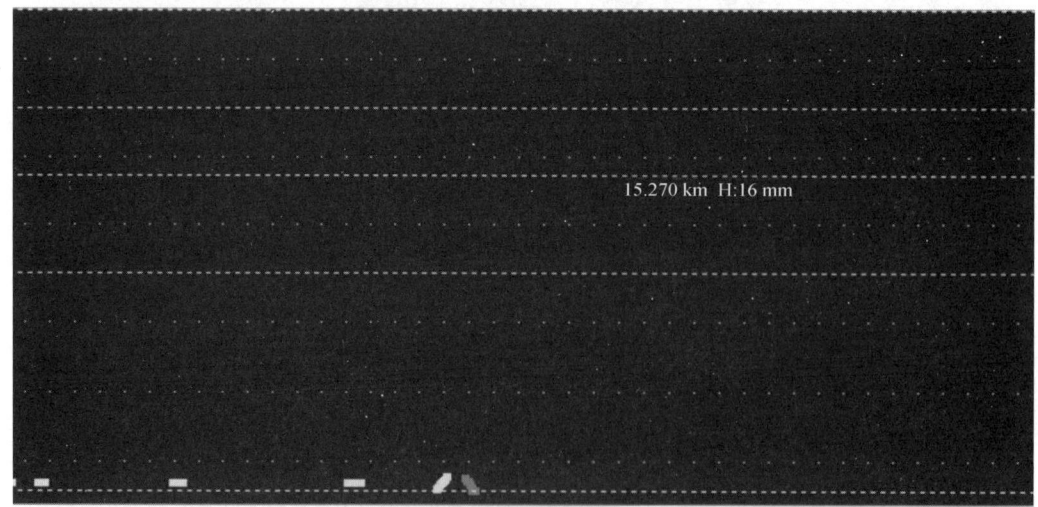

图 8.4.6　钢轨伤损（六）

（7）请根据图 8.4.7 分析图中伤损。

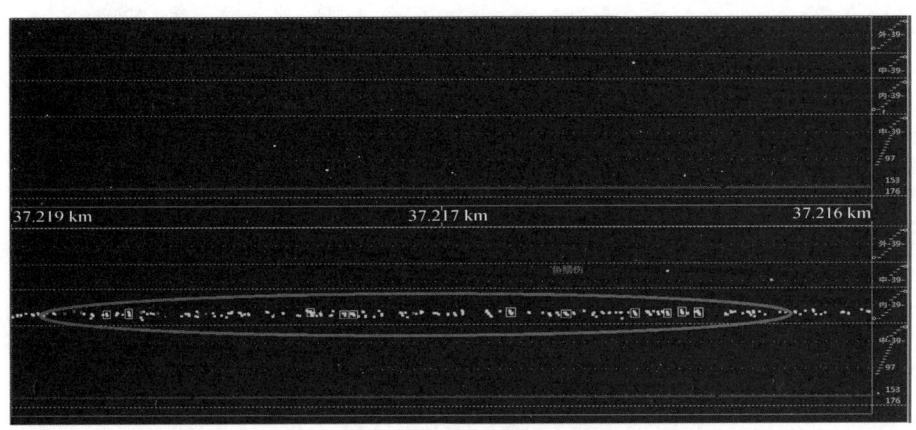

图 8.4.7　钢轨伤损（七）

（8）根据对伤损图 8.4.8 分析，上行线 K178+（　　　）m 右股钢轨轨头核伤。现场无鱼鳞伤，轨头内 70°有出波。

　　A. 178　　　　　B. 822　　　　　C. 824　　　　　D. 826

图 8.4.8　钢轨伤损（八）

（9）根据对伤损图 8.4.9 分析，下行线 K42+674m（　　　）轨头伤损。

　　A. 左股　　　　B. 右股　　　　C. 内侧　　　　D. 外侧

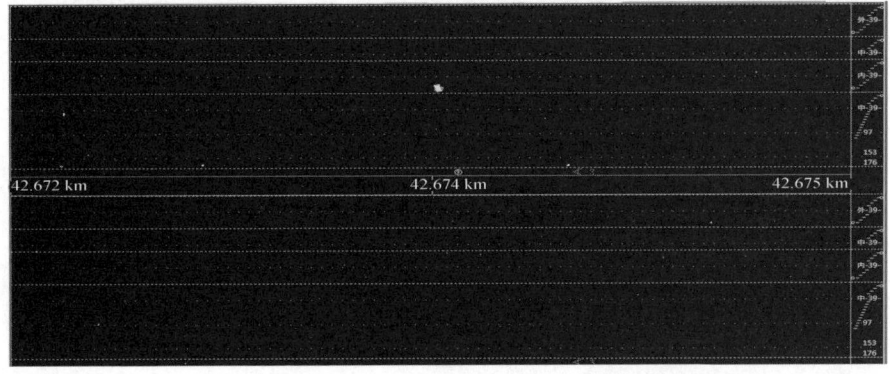

图 8.4.9　钢轨伤损（九）

（10）根据对伤损图 8.4.10 分析，下行 K139+402 轨底（   ）。
A. 裂纹　　　　　B. 锈坑　　　　　C. 凹坑　　　　　D. 划痕

图 8.4.10　钢轨伤损（十）

子项目五 排除常见故障

知识点练习

（1）当出现在 A 扫描状态中，某通道信号杂波很多，而且在跳动，可能是此通道的接线不可靠。检查相应通道_____，可以更换备用高频连接线试试。

（2）当出现某通道信号消失，可能是对应探头的_____，可更换水轮探头再试。

（3）当出现启动计算机软件后，点击 A 扫描，配置文件参数加载出错。可能是配置文件损坏。此时先关闭_____，把备份好的配置文件拷贝到 C 盘根目录，重新启动探伤软件。

（4）当出现走行部因碰撞等原因造成框架松动、结构变形，应检查____部位，进行紧固，检查轴是否有____。

（5）当出现推动前进手柄小车无法走行，应检查水箱出水开关是否打开，电控柜是否已经____，检查所有的线路是否连接正确，检查刹车是否已经_____，此时可轻踩几次刹车。

（6）当出现踩下刹车无反应，应踩下____刹车，____后检查刹车。

（7）当出现电源短路跳闸，首先断开____与外部连接，然后查看各线缆插头或接口是否有_____痕迹，看各线缆插头或接口是否完全连接，插头或接口内插针是否有短接或烧坏现象，插头或接口内是否有___渗入。查看线缆是否有破损现象，查看是否有水渗入电控柜内部。

（8）当出现探轮对中机构碰擦，结构变形，应查_____导轨（圆弧导轨及直线导轨）是否有卡死的情况，检车调整电机的调整螺母是否有____的现象。

（9）当出现按下水泵按钮不能喷水，应检查水箱出水____是否打开，检查水管连接是否正确，检查水泵____接触是否良好，检查水泵是否____，检查水泵控制回路接触是否良好。

子项目六　双轨小车的日常维护与演练

知识点练习

1. 填空题

（1）每次探伤完成之后，清洁各部件____，特别要擦拭_____上的水渍与泥污，以及主驱动电机的表面。

（2）检查车架、对中机构所有紧固螺栓的_____，定期检查各部位螺栓的是否有松动情况，及时将松动的螺栓____。

（3）检查电控柜、工控机时，检查电控柜上手柄、____开关是否完好，数显仪表是否正常，____工控机，检查是否能正常工作。

（4）当检查电气接线时，检查电缆是否断裂、____，各接插件是否短接，接头水密性是否完好。检查主驱动_____是否有破损，水密性是否正常，插头是否完好。

（5）当出现小车组装完毕后无法启动的情况，应检查_____是否已经上电，检查所有的线路是否连接正确。

（6）计算机维护是提高计算机使用效率和延长计算机使用寿命的重要措施。计算机维护主要体现在两个方面：一是____维护；二是____维护。

（7）计算机应经常处于工作状态，避免长期____不用。

（8）户外工作时，应尽量避免____和灰尘进入计算机内。一旦发生这样的情况，应及时关闭计算机，保护好系统。

（9）对探伤系统软件要做好____，当遇到异常情况或某种偶然原因，可能会破坏系统软件，此时就需要重新安装软件系统，如果没有备份的系统软件，将使计算机难以恢复工作。

（10）电池组长期未使用可能会因其自放电特性而使其处于过放电状态。为防止过放电的发生，电池应定期充放电，将其电量维持在40%~60%，建议____个月充放电一次。

（11）系统贮存时应放在干燥的仓库中，不得暴晒和雨淋。贮存期超过____个月的产品要进行容量核对性试验，贮存期超过____年的产品要重新检验，合格后方可使用。

（12）轮胎不能与尖锐物体碰撞，不能与表面粗糙的物体或地面____。长时间不用时，需将轮胎中_____放出。轮胎中不能有__，如存在，要及时排除。

2. 选择题

（1）开机时应先给外部设备加电，后给主机加电；关机时应先关主机，后关各外部设备，开机后不能立即关机，关机后也不能立即开机，中间应间隔（　　）s以上。

  A. 5　　　　B. 10　　　　C. 15　　　　D. 20

（2）存储计算机时，应保证存储湿度不要大于（　　）%。

  A. 50　　　　B. 60　　　　C. 70　　　　D. 80

（3）电池的使用环境温度，最低不得超过（　　　）℃。
　　　A. -10　　　　B. -20　　　　C. -5　　　　D. 0
（4）电池的贮藏温度，最高不得超过（　　　）℃。
　　　A. 45　　　　B. 50　　　　C. 60　　　　D. 70
（5）严禁在（　　　）℃以下的环境中对电池组充电。
　　　A. -10　　　　B. -5　　　　C. 0　　　　D. 1

项目九　利用回放软件发现伤损

子项目一　GT-2+型探伤仪数据回放软件使用

一、知识点练习

1. 填空题

（1）主菜单设置中可以设置颜色和字体、界面风格、＿＿＿＿显示设置、探头位置、智能回放设置、回放信息显示、＿＿＿＿、通道过滤。

（2）工作目录路径可根据自己喜好设置，将路径指向 GT-2+数据后，可直接从工作目录或＿＿＿＿到文件播放区的标题处打开文件。

（3）控制文件的播放、暂停等基本功能以及智能＿＿＿＿、缩放、测距等高级功能。

（4）播放控制中，A 显：单击 A 显按钮，可调出 A 显＿＿＿＿，实时显示 A 显波形，切换文件只需点击对应的 B 显图像即可，建议开始时将 B 显显示设置为实时模式。

（5）粗细、速度：调节＿＿＿＿图像点的大小和播放速度。

（6）该回放软件只允许打开以"＿＿＿＿"后缀结尾的文件。

（7）参数曲线设置，显示子文件的详细参数，包括用户信息、＿＿＿＿、作业参数、＿＿＿＿曲线和闸门信息。

（8）作业表格中，可筛选显示各个子文件中的基本信息，包括＿＿＿＿、线别、＿＿＿＿、起始时间。

（9）事件筛选中，可筛选文件中操作人员所做标记，包括＿＿＿＿、焊缝、导线孔、＿＿＿＿等选项，也可以重点观察某一选项，如只勾选伤损。

（10）B 显显示设置中，显示方式分＿＿＿＿和实时拼孔，完全显示是所有通道共同显示波形，实时拼孔是按照＿＿＿＿时探头出波顺序显示图像。

（11）调节探头位置进行拼孔，＿＿＿＿按钮可将探头位置调为与仪器推扫时一致，拼孔位置保存按钮可保存。

2. 选择题

（1）螺孔拼孔原则：37°探头拼孔原则，（　　）位置不可调。
　　A. 前 37°　　　　B. 后 37°　　　　C. 0°　　　　D. 70°

（2）断面拼孔原则：将基准线与轨缝失波线中心重合，调整（　　）两个探头，左右位置居中。

A. 1 和 1A　　　　B. 2 和 2A　　　　C. 3 和 3A　　　　D. 5 和 6
（3）通道过滤，探头每移动（　　　）mm，仪器的每个探头采集一次波形。
　　A. 3　　　　　　B. 5　　　　　　C. 7　　　　　　D. 9

二、GT-2+数据回放软件拼孔实训报告

1. 基本信息

　日期：_____年_____月_____日　　　　天气：_____

　班级：_____　　姓名：_____

　组别：_____　　实训地点：_____

2. 实训的意义

3. 实训设备及备品

4. 实训步骤

5. 伤损信息

6. 考核评价

子项目二　GCT-8C型探伤仪数据回放软件使用

一、知识点练习

1. 填空题

（1）通过拖动播放进度条和指定里程功能可以对____区域进行数据回放，便于定点分析排查。

（2）在B显暂停状态时，在B显图形区内单击____调出A显。

（3）____在播放与暂停间切换（当前处于自动播放状态时，按空格键将暂停播放；当前处于暂停时，按空格键将转为自动播放），"["或"←"：相当于手动后退；"]"或"→"：相当于手动前进。

（4）在B显图形内点击右键，弹出快捷菜单，先在起始处点"起点"，再在终止处点"终点"，将显示出____距离。

（5）在某一接头或有疑问的位置，现场需要反复____来观察出波情况。

（6）迟到波显示模式：建议一般情况下应该设置为"____"。

（7）轨迹按钮：可以查看行走曲线，大致判断当天的____区段。

（8）超速按钮：输入速度____，可以统计出当天作业的超速情况。

2. 选择题

（1）水平显示模式：扩展时每屏大约为（　　）m。
　　A. 1　　　B. 2　　　C. 3　　　D. 4

（2）水平显示模式：压缩时为（　　）m。
　　A. 1　　　B. 2　　　C. 3　　　D. 4

二、GCT-8C 数据回放软件使用实训报告

1. 基本信息

   日期：_____年____月____日　　　　天气：_____

   班级：_____　　　　姓名：_____

   组别：_____　　　　实训地点：_____

2. 实训的意义

3. 实训设备及备品

4. 实训步骤

5. 伤损信息

6. 考核评价

子项目三　JGT-10 型探伤仪数据回放软件使用

一、知识点练习

（1）所有操作将以当前____为操作对象。

（2）如果同步，两个文件将在自动和手动浏览时_____。如果选择异步，则两个文件将____移动。

（3）拖动滚动条可以____和确认浏览的位置。

（4）回放中的千米数和米数是表示当前记录今天探伤所走的距离，不是表示_____位置，实际位置在波形下方可以看到。

（5）自动浏览受到过滤条件的约束，不满足条件的画面将不予显示以减少浏览时间，所以在使用时一定要先设好____条件。

（6）手动浏览的步长是____的为大半个屏幕宽度。

（7）按"____"则以单文件形式显示当前文件。

（8）按"_____"可以将参数放在底线上方或下方。

（9）按"_____"可以高灵敏度波形。

（10）选择过滤条件中，不画迟到波后，浏览时，B 超不画迟到波，建议在浏览时可以先选择不画迟到波来浏览数据，遇到_____后可以打开此项进行校对。

（11）设置起点和终点标志线来测量两者之间的_____，将起点和终点之间的波形保存到另外一个文件。

（12）速度查询，可以任意指定_____和_____的米数（长度），这样将会列出所有满足超速条件的位置和平均超速速度和长度。

二、JGT-10 型探伤仪数据回放软件使用实训报告

1. 基本信息

   日期：_____年_____月_____日　　　　天气：_____

   班级：_____　　　　姓名：_____

   组别：_____　　　　实训地点：_____

2. 实训的意义

3. 实训设备及备品

4. 实训步骤

5. 伤损信息

6. 考核评价

子项目四 双轨小车数据回放软件使用

一、知识点练习

（1）双击打开回放软件，软件界面上方是菜单栏，有文件、____、帮助三个菜单。

（2）回放软件下方是探伤作业的基本信息，如_____、探伤时间、人员、行驶速度、通道灵敏度等。

（3）字体设置改变的软件界面图标的字体，如界面左边基本功能设置区、界面下方_____显示区的字体，用户可根据自己的使用习惯进行更改。

（4）点击菜单栏的"设置"，选择"通道颜色设置"，可以更改____个通道和____度失波的颜色显示。

（5）播放方向：该设置可以改变数据的播放方向，向____或向____。

（6）播放控制分为自动播放和____播放。

（7）里程定位：快速查找到指定的里程_____，方便查找伤损或查看记录的疑问。

（8）普通模式：该模式为回放数据的最原始的状态，即有无探伤报警点均_____按距离显示到回放界面，用户可以看见从开始到结束的所有里程的检测结果。

（9）点击"杂波过滤"，软件自动识别出一些杂波信号（以非伤损横向线为主），并把它____，使用户能够更好地判断伤损。

（10）智能判伤，该功能可以自动框选出_____的信号点（或接近伤损特征的报警信号），该功能会自动排除螺孔波的信号。

（11）点击"过滤设置"，弹出过滤设置界面，可以分别对 0°通道、37°通道、70°通道进行过滤点设置，最高可设置为过滤连续____个点。

（12）点击"拼图设置"，该功能分为 9 个通道设置拼图，即左股或右股的 9 个通道，鼠标按住光标进行拼图设置时是左股和右股____在动。

（13）点击"打标统计"会对回放数据中的所有标记进行统计，并显示标记点的各个位置，双击各个点的位置后，回放数据会_____到该位置。

（14）点击"多通道 A 显"，可以同时显示____个通道的 A 显波形。

（15）鼠标停留在播放界面点任意位置会指示当前点____及高度信息。

二、双轨小车数据回放软件播放实训报告

1. 基本信息

   日期：_____年____月____日　　　　天气：_____

   班级：_____　　　　姓名：_____

   组别：_____　　　　实训地点：_____

2. 实训的意义

3. 实训设备及备品

4. 实训步骤

5. 伤损信息

6. 考核评价

子项目五　大型钢轨探伤车数据回放软件使用

一、知识点练习

（1）FrontDB 界面主要由_____、弹出窗口、进程窗口和_____设置菜单栏等组成。

（2）超声-回波回放模式：根据超声_____进行搜寻。

（3）超声-识别回放模式：根据软件识别出的____进行搜寻。

（4）滤器中设置 6 组独立的过滤器参数，分别是_____，一组识别，识别和尺寸，识别和通道，识别、尺寸和通道，____。

（5）在弹出窗口或者进程窗口中，单击鼠标右键，选择菜单"_____"，则显示鼠标所在处的里程、脉冲数、GPS 坐标等位置信息。

（6）弹出窗口或者进程窗口中，单击鼠标右键，选择菜单"_____"，则清除弹出窗口和进程窗口中所有的标志信息，包括当前位置信息和测距信息。

（7）将弹出窗口中显示的画面存储为 JPEG 格式的图片的操作："文件"菜单中选择"产生图像"（JPEG），则对弹出窗口进行截图，图片格式为.jpeg，快捷键：_____。

（8）在"文件"菜单中选择"产生检测数据剪切"，或者使用_____快捷键，则产生一个数据文件片段，对应于两次当前位置标志之间的数据。

（9）通过进程窗口进行定位：_____+ 左键双击。

（10）在弹出窗口中，单击鼠标右键，选择菜单"_____"，则将当前弹出窗口画面进行反色显示。

（11）在主窗口中选择菜单"播放器"→"伤损登录"，则弹出伤损登录窗口，输入相应信息后，点击"登录"按钮，则在弹出窗口和进程窗口中显示简要信息。快捷键：_____。

（12）只能对系统_____的伤损（包含已知、未知类型伤损）进行登录。

二、大型钢轨探伤车数据回放软件使用实训报告

1. 基本信息

　日　期：_____年_____月_____日　　　　天气：_____

　班　级：_____　　　　　　姓名：_____

　组　别：_____　　　　　　实训地点：_____

2. 实训的意义

3. 实训设备及备品

4. 实训步骤

5. 伤损信息

6. 考核评价

项目十　钢轨探伤管理标准化作业

子项目一　分析钢轨探伤漏检因素

知识点练习

1. 填空题

（1）探伤工长每月上道时间应不少于出勤天数的_____。
（2）在普通线路地段检查每小时不超过_____。
（3）在无缝线路地段检查每小时不超过_____。
（4）易发生临时故障的部位有_____、_____、_____、_____、_____等。
（5）测试探头是探伤仪_____的重要内容之一。
（6）探头顶丝调整后，探头应能前后窜动_____左右，万向环应能自由转动。

2. 选择题

（1）钢轨探伤仪在普通线路地段检查每小时不超过（　　）。
　　A. 1 km　　　　B. 2 km　　　　C. 3 km　　　　D. 4 km
（2）钢轨探伤仪在无缝线路地段检查每小时不超过（　　）。
　　A. 1 km　　　　B. 2 km　　　　C. 3 km　　　　D. 4 km
（3）探头顶丝调整后，探头应能前后窜动（　　）左右，万向环应能自由转动。
　　A. 0.5 mm　　　B. 1 mm　　　　C. 1.5 mm　　　D. 2 mm
（4）下道后重新上道时，应退回下道地点（　　）以外。
　　A. 5 m　　　　B. 4 m　　　　C. 3 m　　　　D. 2 m
（5）前、后37°的探测灵敏度为螺孔探测回波调整到80%波高，再增益（　　）dB。
　　A. 6　　　　　B. 8　　　　　C. 10　　　　　D. 12
（6）0°探头进行其他一般探测时，在得到轨底回波 80%的基础上，增益不超过（　　）dB。
　　A. 6　　　　　B. 8　　　　　C. 10　　　　　D. 12

子项目二 钢轨探伤管理模式

知识点练习

1. 填空题

（1）以广州局有限公司为例：广深线每月_____遍，京广线每两月_____遍。

（2）到发线线路和道岔的钢轨每年探伤检查不少于_____遍。

（3）新发现的重伤轨工务段现场复核时，携带路轨仪和通用仪对前后_____m 进行综合复查。

（4）焊缝探伤周期：每年全断面探测_____遍，厂焊缝每_____年检查一遍。

（5）一是_____为主，_____为辅，一般既有线大多数站段采用此种探伤方式。

（6）道岔岔心部位材质晶粒粗大，超声波反射不良，须_____。

2. 选择题

（1）工务段现场复核时，携带路轨仪和通用仪对前后（　　）m 进行综合复查。
　　A. 25　　　　B. 50　　　　C. 100　　　　D. 150

（2）大型钢轨探伤车，自带动力运行，最高检测速度达到（　　）。
　　A. 60 km/h　　　　　　B. 120 km/h
　　C. 100 km/h　　　　　D. 80 km/h

（3）小型钢轨探伤仪，人工推行检测，速度不大于（　　）。
　　A. 3 km/h　　　　　　B. 4 km/h
　　C. 5 km/h　　　　　　D. 2 km/h

（4）双轨探伤仪，自带动力运行，最高检测时速达到（　　）。
　　A. 10 km/h　　　　　　B. 12 km/h
　　C. 15 km/h　　　　　　D. 18 km/h

（5）铁路局钢轨探伤车，对年通过总重不小于 50 Mt 或允许速度大于 120 km/h 的线路每年应至少检查（　　）。
　　A. 1 遍　　　B. 2 遍　　　C. 3 遍　　　D. 4 遍

（6）对年通过总重不小于 25 Mt 的干线每年应至少检查（　　）。
　　A. 1 遍　　　B. 2 遍　　　C. 3 遍　　　D. 4 遍

子项目三 焊缝探伤标准化作业

一、知识点练习

1. 填空题

（1）焊缝探伤前重点校核仪器_____，达到要求后，填写仪器综合性能（探伤灵敏度）校验记录表。

（2）超声波探伤仪应符合_____《A型脉冲反射式超声波探伤仪通用技术条件》要求。

（3）探头符合_____和_____《超声探伤用探头性能测试方法》技术要求。

（4）根据当日检查线路状况、防护条件，合理安排人员，下达作业任务，布置_____监控措施。

（5）瞭望条件不良的地段应增设专人防护，防护信号确认后，_____。

（6）探伤前准备做好探测面_____、_____。

2. 选择题

（1）探伤工区应配备数字式通用探伤仪（　　）台。
  A. 1　　　　B. 2　　　　C. 3　　　　D. 4

（2）焊缝探伤作业的人员必须持有无损检测UT（　　）级及以上资格证书。
  A. Ⅳ　　　　B. Ⅲ　　　　C. Ⅱ　　　　D. Ⅰ

（3）UT Ⅰ级人员必须在 UT Ⅱ级及以上人员指导下，方可按本工艺规程实施焊缝探伤作业，（　　）。
  A. 无判伤资格　　　　　　B. 有判伤资格
  C. 有判5个伤的资格　　　D. 有判3个伤的资格

（4）重伤焊缝填写好重伤通知单，向（　　）和段调度汇报。
  A. 探伤工区　　　　　　　B. 检查工区
  C. 检查监控工区　　　　　D. 线路工区

（5）探伤工区应配备扫查机构（　　）个。
  A. 1　　　　B. 2　　　　C. 3　　　　D. 4

（6）焊缝探伤作业的人员必须持有无损检测（　　）级及以上资格证书。
  A. PT Ⅱ　　B. PT Ⅰ　　C. UT Ⅱ　　D. UT Ⅰ

二、焊缝探伤标准化作业实训报告

1. 基本信息

   日期：_____年____月____日　　　　天气：_____

   班级：_____　　　　姓名：_____

   组别：_____　　　　实训地点：_____

2. 实训的意义

3. 实训设备及备品

4. 实训步骤

5. 心得体会

6. 考核评价

子项目四　钢轨探伤仪标准化作业

一、知识点练习

1. 填空题

（1）执机人员必须具有_____级或以上级别的探伤人员技术资格。

（2）探伤工区应配备数字式钢轨探伤仪_____台。

（3）A超复核探伤时必须执行"三看"的探测要领：一看_____，二看_____，三看_____。

（4）执机人员连续作业里程一般不超过_____。

（5）仪器里程校正操作每千米校对不少于_____。

（6）因避车或其他原因下道后再上道作业要注意不得漏探钢轨，应确保重复探伤车身长度以上的钢轨。

2. 选择题

（1）探伤从业人员应具有（　　）及以上文化程度。
　　A. 初中　　　　　　　　B. 高中
　　C. 大专　　　　　　　　D. 本科

（2）钢轨探伤执机人员必须具有（　　）或以上级别的探伤人员技术资格。
　　A. Ⅰ级　　　　　　　　B. Ⅱ级
　　C. Ⅲ级　　　　　　　　D. Ⅳ级

（3）确保各通道探头耦合良好，在（　　）状态下进行现场灵敏度修正。
　　A. A-B超　　　　　　　B. 开机
　　C. B超　　　　　　　　D. A超

（4）37°和70°通道在没有杂波的前提下应适当（　　）探伤灵敏度。
　　A. 降低　　　　　　　　B. 保持波高80%
　　C. 提高　　　　　　　　D. 保持波高50%

（5）每1 km检查时间无缝线路不少于（　　）min。
　　A. 10　　　　　　　　　B. 15
　　C. 20　　　　　　　　　D. 25

（6）普通线路不少于（　　）min（封锁点内作业25 min），严禁超速检查，同时要严格控制25 m超速率。
　　A. 30　　　　　　　　　B. 25
　　C. 20　　　　　　　　　D. 15

二、钢轨探伤仪标准化作业实训报告

1. 基本信息

   日期：_____年____月____日　　　　　天气：_____

   班级：_____　　　　　姓名：_____

   组别：_____　　　　　实训地点：_____

2. 实训的意义

3. 实训设备及备品

4. 实训步骤

5. 心得体会

6. 考核评价

子项目五　道岔钢轨探伤标准化作业

一、知识点练习

1. 填空题

（1）AT 尖轨弹性可弯部分。在轨底刨切全长范围及其起终点前后各_____范围使用 K2.5 探头在轨底面刨切部位轨底进行探测。

（2）长心轨探测范围为心轨尖端至_____和_____部位。

（3）道岔翼轨探测范围为心轨前第一间隔铁往心轨跟方向_____，包括焊缝。

（4）尖轨检测范围为_____以外至_____头部范围。

（5）探伤灵敏度在 60 kg/m 钢轨焊缝_____上测定。

（6）探测区域轨头和轨底坡面应打磨除锈，除锈长度大于探测范围两端各_____。

2. 选择题

（1）在轨底刨切全长范围及其起终点前后各（　　）范围使用 K2.5 探头在轨底面刨切部位轨底进行探测。
　　A. 200 mm　　　　　　　　B. 150 mm
　　C. 100 mm　　　　　　　　D. 50 mm

（2）道岔翼轨探测范围为心轨前第一间隔铁往心轨跟方向（　　）m。
　　A. 1　　　　　　　　　　　B. 2
　　C. 3　　　　　　　　　　　D. 4

（3）时基线校正后应在 CSK-1A 型试块（　　）横孔上进行校验。
　　A. $\phi 1$　　　　　　　　　B. $\phi 1.5$
　　C. $\phi 2$　　　　　　　　　D. $\phi 2.5$

（4）K2.5 探头以二次波发现轨底 6 号孔位 $\phi 2$ 平底孔波高 80% 再降低（　　）为基准。
　　A. 12 dB　　　　　　　　　B. 10 dB
　　C. 8 dB　　　　　　　　　　D. 6 dB

（5）探测区域轨头和轨底坡面应打磨除锈，除锈长度大于探测范围两端各（　　）。
　　A. 300 mm　　　　　　　　B. 250 mm
　　C. 200 mm　　　　　　　　D. 150 mm

（6）正线道岔轨头探伤发现伤损回波，经校对确认后，按（　　）钢轨进行处理。
　　A. 轻伤　　　　　　　　　　B. 重伤
　　C. 轻伤有发展　　　　　　　D. 折断

二、道岔钢轨探伤标准化作业实训报告

1. 基本信息

日期：_____年_____月_____日　　　　天气：_____

班级：_____　　　　　　姓名：_____

组别：_____　　　　　　实训地点：_____

2. 实训的意义

3. 实训设备及备品

4. 实训步骤

5. 心得体会

6. 考核评价

子项目六　数据回放标准化作业

一、知识点练习

1. 填空题

（1）钢轨探伤数据回放人员应具有超声波探伤_____及以上资格。

（2）焊缝探伤数据人员应具有超声波探伤_____及以上资格。

（3）大型探伤车数据回放人员应具有超声波探伤_____及以上资格。

（4）回放分析人员应能对伤损进行准确的_____、_____、_____分析。

（5）每日探伤数据需由分析组人员在_____小时内进行100%回放。

（6）钢轨探伤仪探伤数据及各类回放分析台账报表保存时间不少于_____年。

2. 选择题

（1）焊缝探伤数据人员应具有超声波探伤（　　）及以上资格。
　　A. Ⅰ级　　　　　　　　B. Ⅱ级
　　C. Ⅲ级　　　　　　　　D. Ⅳ级

（2）焊缝探伤视频拍摄数据保存（　　）。
　　A. 1年　　　　　　　　B. 2年
　　C. 3年　　　　　　　　D. 半年

（3）发生断轨后需至少对最近（　　）个周期的探伤数据进行对比分析和追溯，并形成分析意见。
　　A. 1　　　　　　　　　B. 2
　　C. 3　　　　　　　　　D. 4

（4）重大伤损以"▲▲▲"表示，须完成复核确认，（　　）反馈情况。
　　A. 2天内　　　　　　　B. 3天内
　　C. 一周内　　　　　　　D. 当日

（5）分析发现的疑似伤损应参与现场复核，每人每月不少于（　　）次。
　　A. 4　　　　　　　　　B. 3
　　C. 2　　　　　　　　　D. 1

（6）通过焊缝瞬时速度不能大于（　　）km/h。
　　A. 1.5　　　　　　　　B. 2
　　C. 2.5　　　　　　　　D. 3

二、数据回放标准化作业实训报告

1. 基本信息

   日期：_____年____月____日　　　　天气：_____

   班级：_____　　　　姓名：_____

   组别：_____　　　　实训地点：_____

2. 实训的意义

3. 实训设备及备品

4. 实训步骤

5. 心得体会

6. 考核评价

子项目七　钢轨探伤安全管理

一、知识点练习

1. 填空题

（1）通过桥梁、道口或横越线路时，应做到_____、_____、_____。

（2）复线区段必须_____列车开来方向行走。

（3）v_{max}≤120 m/h 时，距钢轨头部外侧距离一般应满足_____。

（4）钢轨探伤小车、轨道检查小车作业，邻线来车_____。

（5）在站内其他线路作业，躲避本线列车时，下道距离不小于_____。

（6）驻站联络员要密切注意各股道列车情况，准确掌握列车动向，严格执行____min 通话制度。

2. 选择题

（1）120 km/h<v_{max}≤160 m/h 时，距钢轨头部外侧距离不小于（　　）。
　　A. 2 m　　　　　　　　　B. 2.5 m
　　C. 3 m　　　　　　　　　D. 3.5 m

（2）本线来车 120 km/h<v_{max}≤160 km/h 时，按不小于（　　）下道完毕。
　　A. 1 000 m　　　　　　　B. 1 200 m
　　C. 1 400 m　　　　　　　D. 1 600 m

（3）邻线（线间距小于 6.5 m）来车时下道规定：本线不封锁，60 km/h<邻线速度 v_{max}≤120 km/h 时，（　　）。
　　A. 1 000 m　　　　　　　B. 1 200 m
　　C. 1 400 m　　　　　　　D. 来车可不下道

（4）在站内其他线路作业，躲避本线列车时，下道距离不小于（　　）。
　　A. 500 m　　　　　　　　B. 600 m
　　C. 700 m　　　　　　　　D. 800 m

（5）速度小于 120 km/h 区段，瞭望条件大于（　　）以上时，钢轨探伤小车、轨道检查小车作业，邻线来车可不下道。
　　A. 2 500 m　　　　　　　B. 2 000 m
　　C. 1 500 m　　　　　　　D. 1 000 m

（6）本线来车 160 km/h<v_{max}≤200 km/h 时，按不小于（　　）下道完毕。
　　A. 3 000 m　　　　　　　B. 2 500 m
　　C. 2 000 m　　　　　　　D. 1 500 m

二、安全防护标准化作业实训报告

1. 基本信息

   日期：_____年____月____日   天气：_____

   班级：_____   姓名：_____

   组别：_____   实训地点：_____

2. 实训的意义

3. 实训设备及备品

4. 实训步骤

5. 心得体会

6. 考核评价

子项目八　双轨探伤仪标准化作业

一、知识点练习

1. 填空题

（1）每台双轨探伤仪上道作业配备人员_____。

（2）双轨探伤仪作业负责人、探伤检测员应具备无损检测_____及以上资质。

（3）双轨探伤仪最高运行速度不大于_____。

（4）单线地段每次不少于_____。

（5）邻线来车速度不大于 160 km/h 时，本线可不下道，但必须_____。

（6）现场防护员要与驻站联络员联系确认列车运行情况，严格执行_____、_____、_____、_____制度。

2. 选择题

（1）双轨探伤仪，检测时区间速度不大于（　　）。

  A. 15 km/h　　　　　　B. 16 km/h

  C. 17 km/h　　　　　　D. 18 km/h

（2）过岔速度不大于（　　）。

  A. 5 km/h　　　　　　B. 6 km/h

  C. 7 km/h　　　　　　D. 8 km/h

（3）运行中停车制动距离不大于（　　）。

  A. 20 m　　　　　　B. 25 m

  C. 30 m　　　　　　D. 35 m

（4）普速铁路天窗时间符合以下要求方可进行双轨探伤仪作业：单线地段每次不少于（　　）min。

  A. 120　　　　　　B. 110

  C. 100　　　　　　D. 90

（5）高速铁路天窗时间每次不应少于（　　）min。

  A. 180　　　　　　B. 150

  C. 120　　　　　　D. 90

（6）上道作业车站派驻站联络员，双轨探伤仪设专职随车防护员（　　）人，需跨线分体抬运双轨探伤仪时应安排远端防护。

  A. 4　　　　　　B. 3

  C. 2　　　　　　D. 1

二、双轨探伤仪标准化作业实训报告

1. 基本信息

日期：_____年_____月_____日　　　天气：_____

班级：_____　　　姓名：_____

组别：_____　　　实训地点：_____

2. 实训的意义

3. 实训设备及备品

4. 实训步骤

5. 伤损信息

6. 考核评价

子项目九　大型钢轨探伤车标准化作业

一、知识点练习

（1）探伤工（操作员）提前_____min 到岗。
（2）检查标定线对探伤检测系统标定的结果，是否按照规定方法每次检测不少于___次。
（3）按规定着装整齐，必须持证上岗（携带_____证、_____证）。
（4）掌握当日检测区段的_____、_____、_____、_____、_____地段。
（5）检测结束后，提升探伤小车装置，观察油缸状态，是否_____、_____、_____。
（6）探伤工（操作员）根据分工按照探伤车检修保养标准的要求，对探伤检测系统进行_____、_____，并填写在探伤车检修保养记录簿中。

二、大型钢轨探伤车标准化作业实训报告

1. 基本信息
日期：_____年_____月_____日　　　　天气：_____
班级：_____　　姓名：_____
组别：_____　　实训地点：_____

2. 实训的意义

3. 实训设备及备品

4. 实训步骤

5. 心得体会

6. 考核评价

下 篇

钢轨探伤新知识与新技能

项目十一　阵列式探伤仪检测焊缝

子项目一　认识阵列式探伤仪器

一、知识点练习

（1）请写出图11.1.1中各个部件的名称。

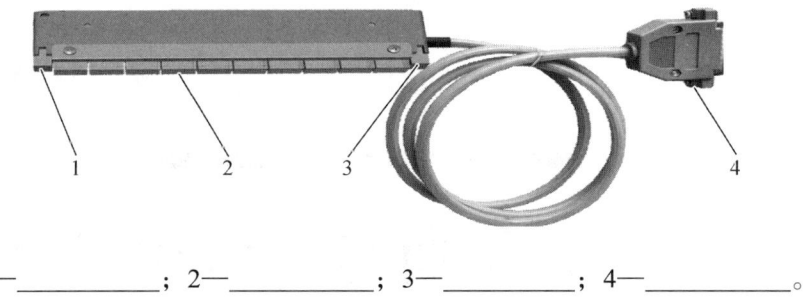

1—_____；2—_____；3—_____；4—_____。

图11.1.1　1发10收串式接收探头

（2）A显波形显示区：A显波形显示区位于显示屏上方中间，用于显示A型_____。

（3）钢轨轨腰的_____，用于判断B形图像的高度，当进行轨腰串列式探测并有回波达到报警阈值。

（4）参数复位只是对_____、_____、_____等控制参数进行复位，对工号、里程、铁号等作业参数无效。

（5）B显拼孔只有在轨腰串列式模式下有效，它是将不同探头探测到的水平同一位置的图像调整到B显区域的_____。

二、认识阵列式探伤仪实训报告

1. 基本信息

   日期：_____年____月____日   天气：_____

   班级：_____   姓名：_____

   组别：_____   实训地点：_____

2. 实训的意义

3. 实训设备及备品

4. 实训的内容

（1）请填写图 11.1.2 所示的 HT-9D 型焊缝探伤仪各部件名称。

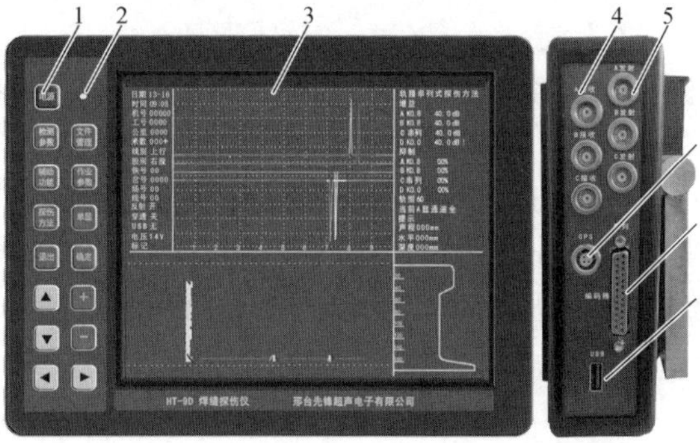

1—_____；2—_____；3—_____；4—_____；
5—_____；6—_____；7—_____；8—_____。

图 11.1.2　HT-9D 型焊缝探伤仪

（2）请填写图 11.1.3 所示的主界面显示各区域的名称。

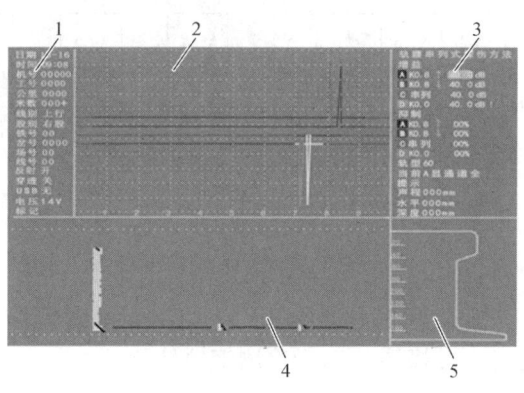

1—_____；2—_____；3—_____；4—_____。

图 11.1.3　主界面显示

5. 考核评价

子项目二　阵列式扫查轨腰焊缝

一、知识点练习

1. 填空题

（1）轨腰集成串列式探头集成了串列式探头、前后单收发探头、双晶片直探头，用于检测轨腰中_____、_____、_____的面积状缺陷和体积状缺陷。

（2）双晶片直探头采用_____收发探测。

（3）12 号和 2 号探头采用单收发探测，用于检测轨腰部位倾斜面状、体积状缺陷和裂纹。

（4）相邻的两个椭圆点的高度差是_____mm，因此所有点的 6 dB 声场是交叉连续的，可以实现在垂直方向上的_____扫查。

（5）串列探测为_____探伤，只有存在缺陷时才有回波显示，正常探测是没有回波的。

（6）为了能够探测整个 200 mm 的矩形区域需要将探测架远离焊缝中心 200 mm ___mm。

（7）串列式探伤能够发现单探头难以发现的垂直面积状缺陷，但在缺陷定量方面存在一定的局限性，不能进行_____。

2. 选择题

（1）如图 11.2.1 所示，13 号探头是（　　）探头。

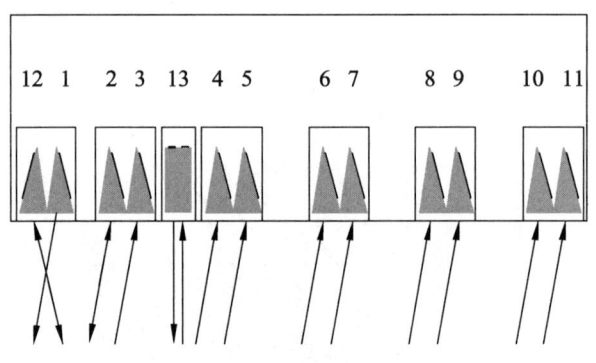

图 11.2.1　陈列式扫查

　　A. 直探头　　　　B. 单晶片直探头　　　C. 双晶片直探头　　　D. 0°探头

（2）13 号探头采用双收发探测，用于检测钢轨轨腰（　　）方向的裂纹。

　　A. 上斜　　　　B. 垂直　　　　C. 水平　　　　D. 下斜

（3）合理的优化探头位置，可以以（　　）mm 的步进，对轨腰进行自下而上的扫查。

　　A. 10　　　　B. 15　　　　C. 20　　　　D. 25

（4）根据焊缝探伤标准，探伤需要覆盖焊缝两侧各（　　）mm 的矩形区域。

　　A. 150　　　　B. 200　　　　C. 250　　　　D. 300

（5）在探测过程中由于超声波的声束宽度，有时缺陷能依次被几个连续的探头组合发现，一般则按（　　）的收发组合进行定位。

  A. 靠前　　　　　B. 靠后　　　　　C. 中间　　　　　D. 相邻

（6）集成探测时只有 1 个收发组合发现缺陷时，缺陷高度一般小于 10 mm；当有 2 组及以上连续收发组合同时发现时，则降低探伤灵敏度（　　），使其中反射最强组合的最高回波为满屏幅度的 80%，再进行探测。

  A. 50%　　　　　B. 70%　　　　　C. 80%　　　　　D. 100%

二、轨腰阵列式扫查实训报告

1. 基本信息

  日期：_____年_____月_____日　　　　天气：_____

  班级：_____　　　　姓名：_____

  组别：_____　　　　实训地点：_____

2. 实训的意义

3. 实训设备及备品

4. 实训步骤

5. 伤损简图

6. 考核评价

子项目三　阵列式扫查轨头和轨底焊缝

一、知识点练习

1. 填空题

（1）轨头阵列式使用 1 发 10 收串列式探头，由于轨头的宽度只有轨底宽度的_____，探测时只用到了 1 发 10 收串列式探头的前 5 个子探头。

（2）利用仪器 K1 单发射探头和 1 发 10 收串列接收探头探测 GHT-1b 型试块轨头 2 号平底孔，将反射回波幅度调整到满屏的_____。再根据实际耦合情况补偿_____dB，作为轨头串列式灵敏度。

（3）如果发射探头向右移动时越过虚线位置，则发射的超声波直接指向 1~10 号探头，接收探头将收到一个_____，直达波幅度将达到满幅度的_____，即可作为探伤灵敏度。

（4）若某个位置没有直达波显示，则该串列探头的相应_____损坏，需进行更换。

（5）轨底阵列式采用 1 个发射探头放置到_____，10 接收探头放置到轨底角立面的_____。

2. 选择题

（1）轨底阵列式探头各个子探头入射点的距离是（　　）mm。
　　A. 5　　　　　　B. 10　　　　　　C. 15　　　　　　D. 20

（2）轨底阵列式探头各个子探头将轨底分成（　　）段。
　　A. 5　　　　　　B. 10　　　　　　C. 12　　　　　　D. 15

（3）轨底阵列式探头各个子探头将轨底分成每段（　　）mm。
　　A. 8　　　　　　B. 10　　　　　　C. 15　　　　　　D. 16

（4）如果需要加大探测密度，在检测完后，将串列式探头向后移动 7.5 mm（　　）。
　　A. 半个晶片的位置　　　　　　B. 一个晶片的位置
　　C. 一个半晶片的位置　　　　　D. 两个晶片的位置

（5）K1 单发射探头和 1 发 10 收串列接收探头探测 GHT-1b 型试块轨底 5 号平底孔，将反射回波幅度调整到满屏的（　　）。
　　A. 50%　　　　　B. 80%　　　　　C. 90%　　　　　D. 100%

（6）根据实际耦合情况补偿_____，作为轨头串列式灵敏度，现场法调整灵敏度同轨头。
　　A. 2~6　　　　　B. 8~12　　　　　C. 14~16　　　　　D. 18~24

3. 简答题

请描述图 11.3.1 中①、②、③、④号区域的功能。

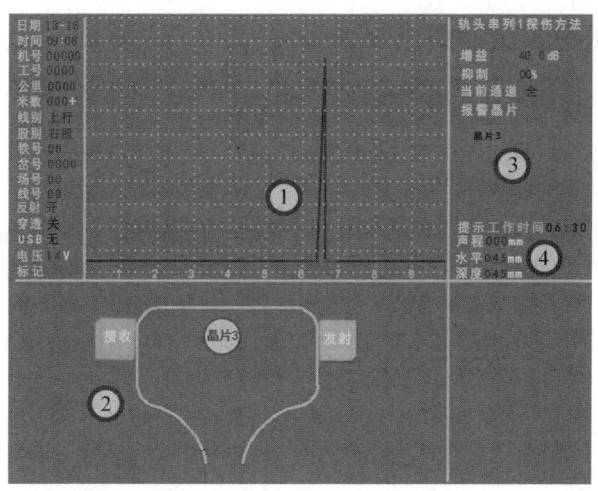

图 11.3.1　功能区域划分

二、轨底阵列式探测实训报告

1. 基本信息

日　期：_____年_____月_____日　　　　天　气：_____

班　级：_____　　姓　名：_____

组　别：_____　　实训地点：_____

2. 实训的意义

3. 实训设备及备品

4. 实训步骤

5. 伤损简图

6. 考核评价

三、轨头阵列式探测实训报告

1. 基本信息

   日期：_____年____月____日　　　　天气：_____

   班级：_____　　　　姓名：_____

   组别：_____　　　　实训地点：_____

2. 实训的意义

3. 实训设备及备品

4. 实训步骤

5. 伤损简图

6. 考核评价

项目十二　相控阵设备检测焊缝

子项目一　超声相控阵技术

一、知识点练习

（1）超声相控阵技术的基本思路来源于雷达天线_____控制技术，已有四十多年的发展历程，初期主要应用在医疗领域。

（2）目前，超声相控阵技术逐渐应用于工业_____，特别是在核工业、航空工业领域以及管道检测等方面应用广泛，钢轨焊缝探伤近几年也在逐步应用。

（3）相控阵超声检测的探头由_____按一定的规律分布排列，通过软件可以单独控制每个晶片的激发时间，使得各个晶片所发射的超声波波束叠加形成不同的_____。

（4）____通过探头晶片的延时控制，超声波传播的波束能量聚集在一点。

（5）____通过探头晶片的延时控制，超声波传播的波阵面沿特定角度传播。

（6）_____用特定的聚焦法则激发相控阵探头中的部分相邻或全部晶片，使激发晶片组形成的声束在设定的角度范围内以一定的步进值变换角度扫过扇形区域。按照波形，又可分为_____和_____。

（7）晶片数量____对远程聚焦的能力____；聚焦深度较____时，应使用较少的激发晶片。

二、任务报告

请说明超声相控阵的技术原理。

子项目二　认识超声相控阵仪器

一、知识点练习

1. 填空题

（1）_____钢轨焊缝相控阵超声检测仪是专门为铁路焊缝系统钢轨焊缝检测而设计的专业相控阵超声检测仪器。

（2）菜单栏是快速切换通道菜单，状态包括三种：_____、_____、_____。

（3）当存在数据记录时，请先____后____，否则当前记录的数据将被清空。

（4）需要对检测的文件进行分析时，操作方法如下：在文件管理界面，单击_____，将数据类型选择为_____。

（5）当检测数据为录制数据时，可单击_____进行播放动态扫查过程。

2. 简答题

（1）请说明图 12.2.1 中 3、4、6、8 区域的功能。

（2）请对按键 [dB] 的功能进行描述。

（3）请对按键 [闸门] 的功能进行描述。

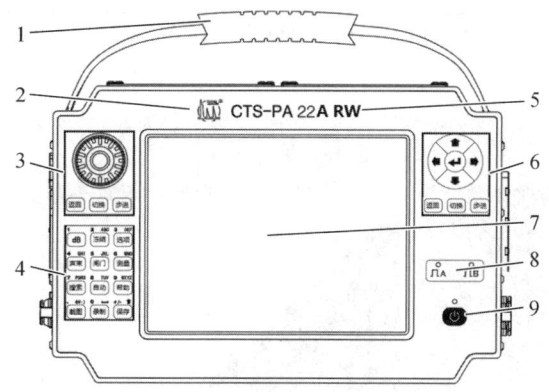

1—提手；2—商标；3—左手操作键；4—功能菜单键；5—仪器型号；
6—右手操作键；7—显示屏；8—闸门报警；9—电源开关。

图 12.2.1　相控阵超声检测仪

二、认识超声相控阵实训报告

1. 基本信息
日期：_____年____月____日　　　　天气：_____
班级：_____　　　　姓名：_____
组别：_____　　　　实训地点：_____

2. 实训的意义

3. 实训设备及备品

4. 实训的内容
（1）请填写图 12.2.2 中 CTS-PA22A 型超声相控阵仪各部件名称。

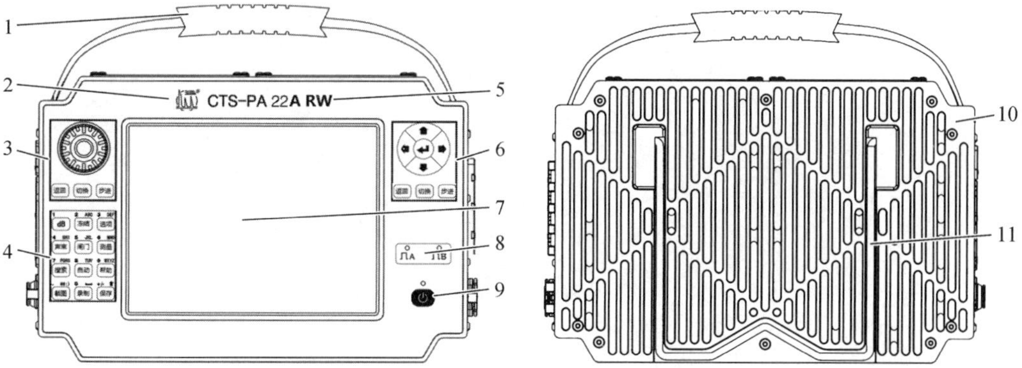

1_____；2_____；3_____；4_____；5_____；6_____；
7_____；8_____；9_____；10_____；11_____。

图 12.2.2　CTS-PA22A 型超声相控阵仪

（2）请说明图 12.2.3 中 CTS-PA22A 型超声相控阵仪软件界面各栏目的信息及功能。

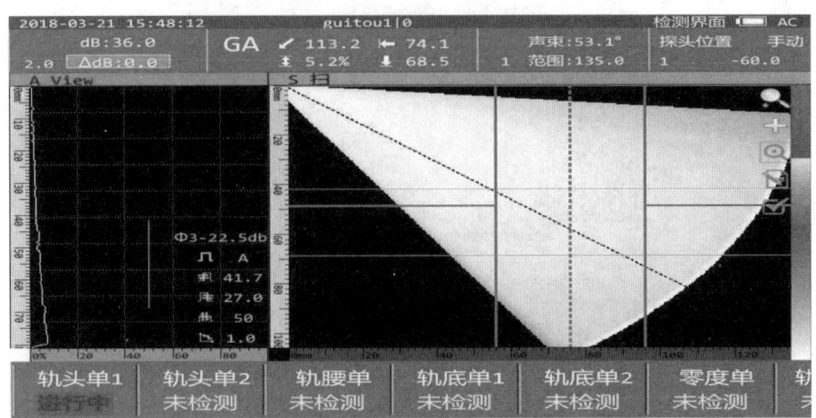

图 12.2.3　CTS-PA22A 型超声波相控阵仪软件界面

5. 考核评价

子项目三　超声相控阵仪器参数设置与标定

一、知识点练习

1. 填空题

（1）仪器系统设置中报警声可以设置____、____、____、____，现场作业中要求全开，在试验中为了节省电量，可以全关。

（2）在工艺参数管理界面"新建"可以新建一个_____。

（3）在工艺参数管理界面"校准"可对探头____和检测_____进行校准。

（4）在工艺设计器里，可对____、楔块、____及扫查参数的设置。

（5）收发菜单包括的参数有：_____、脉冲宽度、_____、滤波器、平滑滤波、动态聚焦。

（6）搜索幅度，一般默认为_____%，即按搜索键进行自动搜索时，声束和闸门自动搜索大于_____%幅度的波形图像。

（7）延时菜单包括的参数有校准模式（深度、声程），_____、距离误差、延时测量、_____、验证清除。

（8）延时校准时将探头放置在_____试块的 $R100$ 圆弧中心使超声波打 $R100$ 圆弧面，单击图像中的 $R100$ 弧面回波图像，使闸门指示的两条弧线套住 $R100$ 回波图像。

（9）延时校准时将声束角度设置为____°（或接近），移动探头找到最高回波，再波形区域调节闸门，使闸门套住最高回波，调节增益，使回波____%左右。

（10）延时校准完成后，可在_____试块上____区的孔进行验证，验证同时包括深度和水平的定位。

2. 选择题

（1）收发菜单设置中，一般情况下，电压幅度设置为（　　）。
　　A. ±60 V　　B. ±80 V　　C. ±160 V　　D. ±320 V

（2）收发菜单设置中，一般情况下，脉冲宽度设置为（　　）。
　　A. 50 ns　　B. 100 ns　　C. 200 ns　　D. 300 ns

（3）收发菜单设置中，一般情况下，重复频率设置为（　　）。
　　A. 800 Hz　　B. 1 600 Hz　　C. 3 200 Hz　　D. 4 200 Hz

二、超声相控阵 ACG 灵敏度校准实训报告

1. 基本信息

日期：_____年____月____日　　　　天气：_____

班级：_____　　　　姓名：_____

组别：_____　　　　实训地点：_____

2. 实训的意义

3. 实训设备及备品

4. 实训步骤

5. 实验数据

6. 考核评价

三、超声相控阵 TCG 灵敏度校准实训报告

1. 基本信息

 日期：_____年_____月_____日　　　　天气：_____

 班级：_____　　　　姓名：_____

 组别：_____　　　　实训地点：_____

2. 实训的意义

3. 实训设备及备品

4. 实训步骤

5. 实验数据

6. 考核评价

子项目四 相控阵仪器检测焊缝作业

一、知识点练习

1. 填空题

（1）进行钢轨焊缝检测时，将钢轨焊缝检测尺吸附在钢轨_____，零刻度对准焊缝位置，开机并进入钢轨焊缝检测界面。

（2）轨头单 1 提示"进行中"，单击"探头位置"，选择"固定，-60"，根据检测尺将探头放置距离焊缝中心线____mm 处。

（3）扫查时轨头时，探头放置在钢轨踏面中间位置，平行于钢轨轴向方向，检测轨头中间部位的缺陷，同时左右各偏角_____，扫查本侧和对侧____部缺陷。

（4）扫查时轨头时，探头由中间向一侧平移直至_____，然后往中间方向平移直到轨头另一侧边缘，最后再往回平移到达轨头_____，平移过程中需结合探头左右偏角 0~20° 进行。

（5）轨腰单提示"进行中"，单击"探头位置"，选择"固定，-150"，根据检测尺将探头放置距离焊缝中心线_____mm 处。

（6）扫查时轨腰时，探头放置在钢轨踏面中间位置，可稍微左右偏转_____。

（7）轨底单 1 提示"进行中"，单击"探头位置"，选择"固定，-50"，根据检测尺将探头放置轨底 I 区距离焊缝中心线_____mm 处。

（8）扫查时轨底时，① 探头进行___平移扫查；② 向外偏角____平移扫查轨底角。检测发现缺陷可按面板的截图键或录制键进行数据记录。

（9）零度单提示"进行中"，单击"探头位置"，选择"_____"，根据检测尺将探头放置在焊缝中心线位置，利用_____覆盖检测钢轨焊缝从轨头直至轨底底面的区域。

（10）轨腰串列检测原理，阵列探头由___个单斜探头组成，工作时，阵列探头放置在轨头踏面中心位置，由某个探头发射，_____探头接收，从而实现轨腰进行串列式扫查的功能。

（11）轨底 K 型检测原理，采用 2 个阵列探头，每个阵列探头由___个单斜探头和一个单零度探头组成。工作时，阵列探头放置在_____位置，其中一个阵列探头中的某个探头发射，另外一个阵列探头中的某一个探头接收，从而实现轨底 K 型扫查的功能。

2. 选择题

（1）检测区域中的每个网格的高度是（　　）mm。
　　A. 10　　　B. 20　　　C. 30　　　D. 40

（2）检测区域中的每个网格的宽度是（　　）mm。
　　A. 6　　　B. 8　　　C. 16　　　D. 20

（3）轨底 K 型检测前需要对缺陷定位闸门及检测灵敏度进行校准，将探头放置在 GHT-1

型试块上，阵列探头放置在 b 侧轨底两侧面，两探头前端面与试块端面距离（　　　）mm。

    A. 5   B. 10   C. 15   D. 20

（4）轨头 K 型进行检测时，两个阵列探头前端面位置放置距离在焊缝中心线（　　　）mm。

    A. –5   B. 5   C. 7   D. –7

二、相控阵轨头单探头扇扫实训报告

1. 基本信息

    日期：_____年_____月_____日   天气：_____

    班级：_____   姓名：_____

    组别：_____   实训地点：_____

2. 实训的意义

3. 实训设备及备品

4. 实训步骤

5. 伤损简图

6. 考核评价

三、相控阵轨腰直探头扇扫实训报告

1. 基本信息

   日期：_____年_____月_____日　　　　　天气：_____

   班级：_____　　　　　　　姓名：_____

   组别：_____　　　　　　　实训地点：_____

2. 实训的意义

3. 实训设备及备品

4. 实训步骤

5. 伤损简图

6. 考核评价

四、相控阵轨腰斜探头扇扫实训报告

1. 基本信息

   日期：_____年____月____日　　　　天气：_____

   班级：_____　　　　姓名：_____

   组别：_____　　　　实训地点：_____

2. 实训的意义

3. 实训设备及备品

4. 实训步骤

5. 伤损简图

6. 考核评价

五、相控阵轨底单探头扇扫实训报告

1. 基本信息

   日期：_____年____月____日　　　　天气：_____

   班级：_____　　　　姓名：_____

   组别：_____　　　　实训地点：_____

2. 实训的意义

3. 实训设备及备品

4. 实训步骤

5. 伤损简图

6. 考核评价

项目十三　涡流设备检测焊缝

子项目一　涡流探伤技术

一、知识点练习

（1）涡流探伤是将通有交流电的_____靠近某一导电试件。

（2）由于_____作用，进入试件的交变磁场可在试件中感生出方向与激励磁场相垂直的、呈旋涡状流动的____。

（3）通过对_____变化的测量（观察仪器中阻抗图），就可得知试件中产生的涡流状况，从而获悉与试件有关的一些参量。

（4）当试件内有缺陷时，涡流因_____的变化，使涡流磁场也相应变化，经试验线圈检出异常磁场的_____，可获得缺陷的信息。

（5）由于涡流是_____，具有_____，在导电试件的表面较多，随着涡流向试件内部的深入，电流按指数函数减少。

（6）涡流探伤主要适用于金属和石墨等导电材料的表面和近表面缺陷，通常能够确定缺陷的_____和_____，不适用于非导电材料的缺陷检测。

（7）涡流探伤的优点：适于自动化检测（可直接以电信号输出），非接触式检测，无须耦合剂且速度___，适用范围较___。

（8）涡流探伤的缺点：只限用于____材料，对形状复杂试件及表面下较深部位的缺陷检测有困难，检测结果尚_____，判断缺陷性质、大小及形状尚难。

二、铜管"8"字形缺陷信号的形成实训报告

1. 基本信息

   日期：_____年____月____日　　　　天气：_____

   班级：_____　　　　　姓名：_____

   组别：_____　　　　　实训地点：_____

2. 实训的意义

3. 实训设备及备品

4. 实训步骤

5. 心得体会

6. 考核评价

子项目二　认识涡流探伤仪器

一、知识点练习

1. 填空题

（1）CTS-608 型涡流检测仪是采用先进的____技术、数字电子技术和____技术设计而成的涡流检测设备。

（2）仪器根据铁路工务系统的特点，集成专用检测工艺，具有实时阻抗平面和时基扫描显示模式，检测频率范围___Hz ~ ___MHz。

2. 选择题

（1）涡流检测时，频率范围为 50Hz ~ 10MHz，分（　　）个挡，每个挡的步进值不同。
　　A. 2　　　　B. 3　　　　C. 4　　　　D. 5

（2）涡流检测仪的增益范围是 0 ~（　　）dB，步进值为 0.1 dB。
　　A. 70　　　　B. 80　　　　C. 90　　　　D. 100

（3）涡流检测仪的相位是 0 ~（　　），步进值为 1°。
　　A. 300°　　　B. 350°　　　C. 359°　　　D. 360°

（4）涡流检测仪报警框的报警深度，范围为 1 ~（　　）mm。
　　A. 8　　　　B. 10　　　　C. 15　　　　D. 20

3. 看图回答

根据图 13.2.1 完成填空。

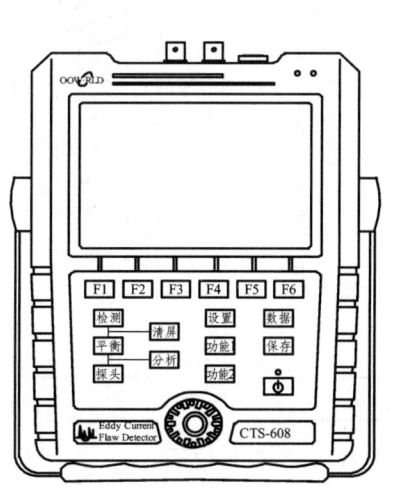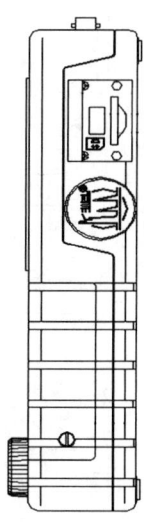

图 13.2.1　涡流探伤仪外观

（1）通过按相应键来选择相应的功能；检测按键，进行检测及_____的切换。

（2）平衡按键，将信号拉回_____。

（3）清屏清除屏幕上阻抗平面显示区域的_____。

（4）设置全屏幕_____设置按键。

二、认识涡流探伤仪实训报告

1. 基本信息

日期：_____年_____月_____日　　　　天气：_____

班级：_____　　　　　　姓名：_____

组别：_____　　　　　　实训地点：_____

2. 实训的意义

3. 实训设备及备品

4. 实训内容

（1）请填写图13.2.2所示CTS-608型涡流检测仪各部件名称。

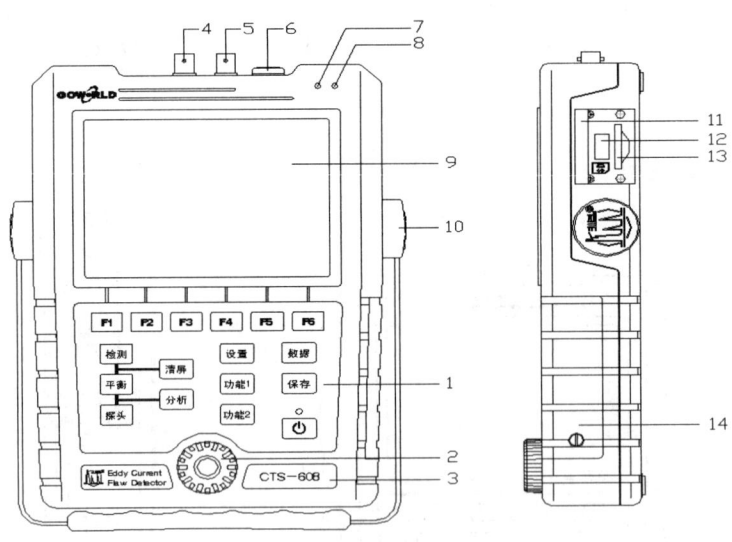

1—_____；2—_____；3—_____；4—_____；5—_____；
6—_____；7—_____；8—_____；9—_____；10—_____；
11—_____；12—_____；13—_____；14—_____。

图13.2.2　CTS-608型涡流检测仪

（2）请填写图 13.2.3 所示涡流检测仪界面各部位名称。

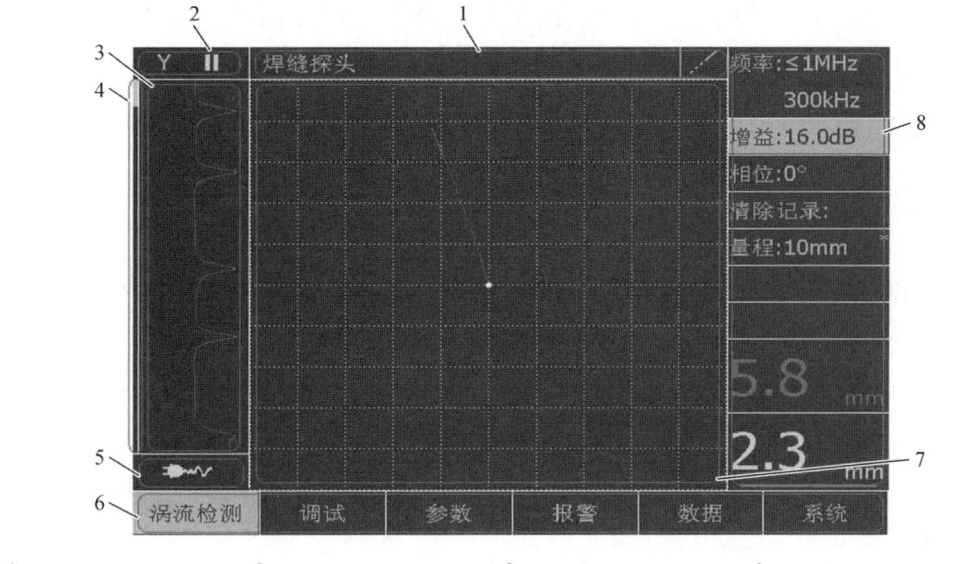

1 —＿＿＿＿＿＿；2 —＿＿＿＿＿＿；3 —＿＿＿＿＿＿；4 —＿＿＿＿＿＿；
5 —＿＿＿＿＿＿；6 —＿＿＿＿＿＿；7 —＿＿＿＿＿＿；8 —＿＿＿＿＿＿。

图 13.2.3　涡流检测仪界面

5. 考核评价

子项目三　涡流探伤设备参数设置与演练

知识点练习

（1）按住"开机"键此时上方绿色指示灯亮，出现____界面后，按"F1"~"F6"即可进入。

（2）开机进入主菜单界面后，接上_____，插上____，按"探头"探头键选择对应探头类型（如焊缝探头），探头类型在信息区域显示。

（3）进入调试界面，波形不应超出显示界面。如超出界面请检查探头是否____，或者是否已经____。

（4）按"功能"功能 1 切换为____模式，检测信息区域指示图对应显示为▨符号。

（5）将探头放置于试块无缺陷的地方，反复按"平衡"键平衡探头，使涡流信号处于阻抗平面显示区域的_____。

（6）反复调整增益，使检测显示的深度数值尽量接近____深度，此时完成深度校准。

二、涡流探伤仪深度校准实训报告

```
1. 基本信息
   日期：_____年____月____日         天气：_____
   班级：_____          姓名：_____
   组别：_____          实训地点：_____

2. 实训的意义



3. 实训设备及备品



4. 实训步骤



5. 实验数据



6. 考核评价
```

子项目四　涡流设备检测焊缝作业

一、知识点练习

1. 填空题

（1）检测焊缝熔合线_____在两边、_____和_____在中间。

（2）探头融合线处扫查，分别与钢轨平面呈___、___和___角。

（3）检测焊缝熔合线，从轨头____圆弧处开始，划至轨腰，最后是____上表面，边走边观察屏幕，发现可疑波形和图像及时分析。

（4）利用轨底探头检测焊缝熔合线，从____轨底边开始，划至轨底中心，最后是____轨底边，边走边观察屏幕，发现可疑波形和图像及时分析。

2. 简答题

（1）请说明图 13.4.1 中，出现的是什么伤损。

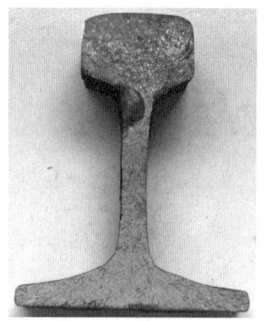

图 13.4.1　受损钢轨（一）

（2）请说明图 13.4.2 中，出现的是什么伤损。

（3）请说明图 13.4.3 中，出现的是什么伤损。

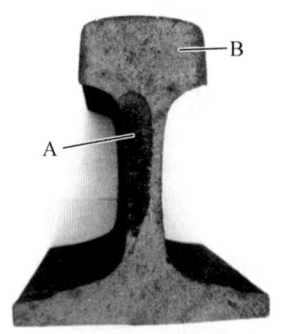
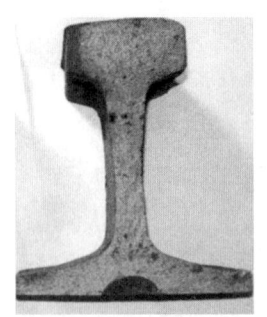

图 13.4.2　受损钢轨（二）　　　　　图 13.4.3　受损钢轨（三）

二、利用焊缝探头检测焊缝融合线实训报告

1. 基本信息

日期：_____年_____月_____日　　　天气：_____

班级：_____　　　姓名：_____

组别：_____　　　实训地点：_____

2. 实训的意义

3. 实训设备及备品

4. 实训步骤

5. 伤损简图

6. 考核评价

三、利用轨底探头检测焊缝融合线实训报告

1. 基本信息

   日期：_____年____月____日   天气：_____

   班级：_____   姓名：_____

   组别：_____   实训地点：_____

2. 实训的意义

3. 实训设备及备品

4. 实训步骤

5. 伤损简图

6. 考核评价

附录一　钢轨探伤中级工技能鉴定理论考核试卷

得分	阅卷人

一、选择题（1分×80=80分）

1. 当频率和材料一定时，通常横波对小缺陷的检测灵敏度高于纵波，这是因为（　　）。
   A. 横波比纵波的波长短　　　　　　　　B. 横波对材料不易发散
   C. 横波的质点振动方向对缺陷较敏感　　D. 横波比纵波的波长长

2. 探测厚焊缝中垂直于表面的缺陷最适用的方法是（　　）。
   A. 聚焦探头　　　　　　　　　　B. 直探头
   C. 斜探头　　　　　　　　　　　D. 串列双斜探头

3. 用单探头法探测两个表面平整、但与入射声束取向不良的缺陷（二缺陷的取向相同且无工件界面的影响），它们的当量（　　）。
   A. 面积大的，当量也一定大　　　　B. 面积大的，当量不一定比面积小的大
   C. 面积大的，当量反而比面积小的小　D. 相等

4. 用单探头法，要发现与声束取向不良的缺陷，应采用的探头频率（　　）。
   A. 越高越好　　　　　　　　　　B. 越低越好
   C. 不太高　　　　　　　　　　　D. 较寻常时取高值

5. 如果探测面毛糙，应该采用（　　）。
   A. 不太高频率的探头　　　　　　B. 较高频率的探头
   C. 硬保护膜探头　　　　　　　　D. 大晶片探头

6. 直探头探测厚 250 mm 和 500 mm 两锻件，若后者与前者耦合差 4 dB，材质衰减均为 0.004 dB/mm，前者底面回波为满幅度的80%时，则后者底面回波应为其（　　）。
   A. 5%　　　　B. 10%　　　　C. 20%　　　　D. 40%

7. 在同一介质中，超声波的声强与声压的平方（　　）。
   A. 成正比　　　B. 成反比　　　C. 不成比例　　　D. 关系不确定

8. 用 K2 探头探测 $T=15$ mm 的对接焊缝，仪器按水平 1∶1 调节扫描速度，探伤中示波屏上水平刻度 5 格发现一缺陷波，此缺陷的深度（　　）。
   A. 2.5 mm　　　B. 5 mm　　　C. 7.5 mm　　　D. 10 mm

9. 用 K2 探头探测 $T=40$ mm 的对接焊缝，仪器按深度 1∶1 调节扫描速度，探伤中在示波屏水平刻度 3 格处发现一缺陷波，这个缺陷的水平距离为（　　）。

A. 15 mm　　　　B. 30 mm　　　　C. 45 mm　　　　D. 60 mm

10. 用 K2 探头探测 $T=40$ mm 的对接焊缝，仪器按深度 1∶1 调节扫描速度，探伤中在示波屏水平刻度 6 格处发现一缺陷波，这个缺陷的水平距离为（　　）。

　　A. 60 mm　　　　B. 90 mm　　　　C. 120 mm　　　　D. 150 mm

11. 焊缝探伤中发现位于（　　）的缺陷要测定缺陷波的幅度和指示长度。

　　A. 定量线　　　　　　　　　　B. 定量线以上

　　C. 定量线以下 10%　　　　　　D. 定量线以下

12. 电路中原来不该相连接的地方出现了连接导通，这种情况通常称为（　　）。

　　A. 开路　　　B. 短路　　　C. 通路　　　D. 分路

13. 硅二极管正向导通电压为（　　）。

　　A. 0.1 ~ 0.3 V　　B. 0.2 ~ 0.3 V　　C. 0.5 ~ 0.7 V　　D. 0.6 ~ 0.8 V

14. 70°探头入射点距 60 kg/m 轨端头 216 mm 左右荧光屏刻度（　　）左右（声程 250 mm）将显示轨端顶角反射波。

　　A. 1.8　　　B. 8　　　C. 9.2　　　D. 10

15. 70°探头探测 60 kg/m 钢轨时探头入射点距轨端（　　）左右出现轨颚部底角反射波。

　　A. 90 mm　　　B. 120 mm　　　C. 108 mm　　　D. 110 mm

16. 70°探头探测 60 kg/m 钢轨时，时基线声程为 250 mm，轨端颚部底角反射波应出现在刻度（　　）左右。

　　A. 4.8　　　B. 5.2　　　C. 4　　　D. 3

17. 70°探头探测钢轨断面发射方向与探头移位方向相同时（前 70°）（　　）。

　　A. 只显示一次回波　　　　　　B. 只显示二次回波

　　C. 先显示二次波，再显示一次波　　D. 先显示一次波，再显示二次波

18. 70°探头探测钢轨断面发射方向与探头移位方向相反时（后 70°）（　　）。

　　A. 只显示一次回波　　　　　　B. 只显示二次回波

　　C. 先显示二次波，再显示一次波　　D. 先显示一次波，再显示二次波

19. 使用 70°探头探测 60 kg/m 钢轨，时基线声程为 250 mm，在荧光屏刻度 5 左右，一二次回波连续显示，则核伤位于（　　）。

　　A. 轨颚附近　　B. 轨头上方　　C. 轨头一侧上角　　D. 轨头三角区

20. 使用 70°探头探测 60 kg/m 钢轨，时基线声程为 250 mm，在荧光屏靠近扫描线两端，分别出现一二次回波显示，则核伤位于（　　）。

　　A. 轨颚附近　　B. 轨头上方　　C. 轨头一侧上角　　D. 轨头三角区

21. 使用 70°探头探测 60 kg/m 钢轨，时基线声程为 250 mm，在荧光屏上只有二次波显示，说明核伤位于（　　）。

　　A. 轨颚附近　　B. 轨头上方　　C. 轨头一侧上角　　D. 轨头三角区

22. 使用 70°探头探测 60 kg/m 钢轨，时基线声程为 250 mm，只有在探头无偏角或偏角很小时才能发现，且出波位置在刻度 5 左右，说明核伤位于（　　）。

A. 轨颚附近　　　B. 轨头上方　　　C. 轨头一侧上角　　　D. 轨头三角区

23. 70°探头探测钢轨轨头时，伤损存在于一、二次波扫查区，探头只能接收到一次回波，或二次回波很短，则说明核伤（　　　）。

A. 倾斜　　　B. 垂直　　　C. 平行　　　D. 靠近侧面

24. 70°探头入射点距夹板（60 kg/m）108 mm 左右时产生报警，并在荧光屏一二次波交替处显示波幅稳定的单支回波，该回波是（　　　）。

A. 额部锈蚀波　　B. 夹板卡损波　　C. 螺孔反射波　　D. 轨面擦伤波

25. 70°探头探测 60 kg/m 轨，声程为 250 mm 时，螺孔反射波应在荧光屏刻度（　　　）左右显示。

A. 6　　　B. 7　　　C. 8　　　D. 9

26. 70°探头探测 60 kg/m 钢轨，声程为 250 mm 时，探头入射点距螺孔（　　　）左右，在荧光屏刻度 9 左右显示螺孔反射波。

A. 170 mm　　　B. 180 mm　　　C. 190 mm　　　D. 210 mm

27. 70°探头探测轨头时，产生螺孔反射波的因素是（　　　）。

A. 轨头侧磨严重　　　　　　B. 探头偏角
C. 探头位置　　　　　　　　D. 上述都有

28. 轨头核伤宽度的校对一般采用（　　　）。

A. 四点定位法　　　　　　　B. 时基线法
C. 延伸度法　　　　　　　　D. 波高法

29. 对轨头核伤校对应采用（　　　）进行。

A. 多方位　　　　　　　　　B. 轨底反射法
C. 多种方式　　　　　　　　D. 多位法或多种方式

30. 70°探头移动方向与钢轨纵向平行的校对方法称（　　　）。

A. 直移校对法　　　　　　　B. 直探头校对法
C. 轨颚校对法　　　　　　　D. 侧面校对法

31. 将 70°探头放置在轨头颚部对核伤校对的方法是（　　　）。

A. 左移校对法　　　　　　　B. 直探头校对法
C. 轨颚校对法　　　　　　　D. 侧面校对法

32. 钢轨探伤仪 37°探头探测 50 kg/m 钢轨第一螺孔时（声程为 200 mm），探头入射点刚过接缝进入另一根轨面时，在荧光屏刻度 3.9 格左右显示（　　　）。

A. 螺孔波　　　B. 半个螺孔波　　　C. 颚部反射波　　　D. 倒打螺孔波

33. 钢轨探伤仪前 37°探头能发现（　　　）象限螺孔斜裂纹。

A. Ⅱ、Ⅳ　　　B. Ⅰ、Ⅱ　　　C. Ⅱ、Ⅲ　　　D. Ⅰ、Ⅳ

34. 钢轨探伤仪 37°探头探测螺孔时上斜裂纹出波位置（　　　）。

A. 在螺孔波之前　　　　　　B. 与螺孔波在同一位置
C. 在螺孔波之前或与其在同一位置　　D. 在螺孔波之后

35. 钢轨探伤仪前37°探头，遇到第Ⅰ、Ⅳ象限间的螺孔中心水平裂纹时（　　　　）。
    A. 先显示裂纹波再显示螺孔波　　　　B. 先显示螺孔波再显示裂纹波
    C. 螺孔波和裂纹波同时显示　　　　　D. 不显示螺孔波只显示裂纹波

36. 0°探头探测 60 kg/m 钢轨时，声程为 250 mm，正常螺孔反射波应出现在刻度（　　　　）。
    A. 2 格　　　　B. 3 格　　　　C. 3.3 格　　　　D. 4 格

37. 无损检测方法中渗透探伤是利用（　　　　）实现的。
    A. 电磁感应原理　　　　　　　　　　B. 直角反射原理
    C. 惠更斯原理　　　　　　　　　　　D. 毛细作用原理

38. 0°探头探测 75 kg/m 钢轨时，声程为 250 mm，正常螺孔反射波应出现在刻度（　　　　）。
    A. 2 格　　　　B. 3 格　　　　C. 3.3 格　　　　D. 3.8 格

39. 钢轨焊缝（　　　　）缺陷特征是暗灰色平滑，有时有放射性条纹的片状夹杂物。
    A. 灰斑　　　　B. 光斑　　　　C. 烧伤　　　　D. 未焊透

40. 气压焊焊缝中（　　　　）缺陷形成原因是端面不洁，间隙过大，顶锻量过小，顶端过焊或加热器火焰不正，摆动量不均匀。
    A. 光斑　　　　B. 过烧　　　　C. 未焊透　　　　D. 灰斑

41. 铝热焊焊缝中（　　　　）缺陷形成原因是打塞（钉）过早使未上浮的熔渣、氧化皮及夹杂物进入焊缝。
    A. 夹渣　　　　B. 气孔　　　　C. 疏松　　　　D. 裂纹

42. 超声波声速主要是由（　　　　）决定。
    A. 介质的弹性性质　　　　　　　　　B. 介质密度
    C. 泊松比　　　　　　　　　　　　　D. 上述都有

43. 钢中的横波声速为（　　　　）。
    A. 2 700 m/s　　B. 3 200 m/s　　C. 6 300 m/s　　D. 1 500 m/s

44. 钢中的纵波声速为（　　　　）。
    A. 2 700 m/s　　B. 3 120 m/s　　C. 5 900 m/s　　D. 3 230 m/s

45. GTS-60C 型试块轨底有 3 处月牙形横向裂纹，其深度分别为（　　　　）mm。
    A. 2、4、6　　B. 2、4、8　　C. 2、4、5　　D. 2、3、5

46. 声波在钢/水界面的声压反射率为（　　　　）[钢 $Z_1 = 4.5×10$ kg/($m^2·s$)，水 $Z_2 = 1.5×10$ kg/($m^2·s$)]。
    A. -0.5　　　　B. 0.5　　　　C. -0.8　　　　D. 0.8

47. 在 120 mm 声程处发现一缺陷，其回波幅度比 200 mm 处平底孔高 14 dB，该缺陷的当量平底孔直径为（　　　　）。
    A. 4 mm　　　　B. 3.5 mm　　　　C. 3.2 mm　　　　D. 2.7 mm

48. 在水/钢界面上，水中入射角为 7°，钢的纵波折射角为（　　　　）（水 $c_1 = 1 500$ m/s，钢 $c_s = 5 900$ m/s）。
    A. 28.6°　　　　B. 32°　　　　C. 33°　　　　D. 35°

49. 用入射角 30°的斜探头，一次波探测钢工件时，测得某缺陷声程为 141 mm，该缺陷距入射点的水平距离为（　　）（有机玻璃 c_1 = 2 730 m/s，钢 c_s = 3 200 m/s）。
　　　　A. 95.7 mm　　　　B. 90.7 mm　　　　C. 85.7 mm　　　　D. 82.7 mm

50. 在深度为 100 mm，直径为 4 mm 平底孔上得到 50%的波高，作为基准灵敏度，如深度为 200 mm 处得到 25%波高的缺陷，则缺陷的当量平底孔直径是（　　）。
　　　　A. 11.3 mm　　　　B. 9 mm　　　　C. 10 mm　　　　D. 7 mm

51. 大平底面的反射声压与（　　）成反比。
　　　　A. 距离　　　　B. 声程的平方　　　　C. 声程的 1/2 次方　　　　D. 声程

52. 超声波对界面斜入射时，声波入射方向与界面法线的夹角称为（　　）。
　　　　A. 入射角　　　　B. 反射角　　　　C. 折射角　　　　D. 扩散角

53. 超声波对界面斜入射时，折射波方向与界面法线的夹角称为（　　）。
　　　　A. 入射角　　　　B. 反射角　　　　C. 折射角　　　　D. 扩散角

54. 在常用的 5 种探伤方法中，射线法探伤和（　　）法探伤，主要是用来检查内部缺陷。
　　　　A. 超声探伤　　　　B. 磁粉探伤　　　　C. 渗透探伤　　　　D. 涡流探伤

55. 为有效的发现工件内部的片状缺陷，应选用（　　）方法最合适。
　　　　A. 超声探伤法　　　　B. 射线探伤法　　　　C. 磁粉探伤法　　　　D. 涡流探伤法

56. 超声波探伤仪的水平线性与确定缺陷的（　　）有关。
　　　　A. 位置　　　　B. 大小　　　　C. 性质　　　　D. 形状

57. 超声波探伤仪的垂直线性与确定缺陷（　　）的有关。
　　　　A. 位置　　　　B. 大小　　　　C. 性质　　　　D. 形状

58. 对某一些物体施加压力时，在其表面将出现电荷，这一效应称为（　　）。
　　　　A. 正压电效应　　　　B. 逆压电效应　　　　C. 电热效应　　　　D. 磁场效应

59. 把某些物体放在电场中，它将产生形变，这一现象称为（　　）。
　　　　A. 正压电效应　　　　B. 逆压电效应　　　　C. 电热效应　　　　D. 磁场效应

60. 超声波在介质中传播形成衰减的主要原因有（　　）。
　　　　A. 声场扩散　　　　B. 材质散射　　　　C. 材料吸收　　　　D. 上述都对

61. 超声波在介质中传播时，任一点声压与该点振动速度之比称为（　　）。
　　　　A. 声压　　　　B. 声强　　　　C. 声阻抗　　　　D. 声速

62. 超声波斜入射，当入射角大于第一临界角时，在工件中没有折射纵波，这种现象称为（　　）。
　　　　A. 横波全反射　　　　B. 纵波全反射　　　　C. 表面波　　　　D. 折射

63. 超声波发射的声波频率主要是由晶片的（　　）决定。
　　　　A. 面积　　　　B. 长度　　　　C. 直径　　　　D. 厚度

64. 超声波探伤，从各个方向都能探测到的缺陷是（　　）缺陷。
　　　　A. 平面形　　　　B. 圆柱形　　　　C. 点状形　　　　D. 片状形

65. A 型显示超声波探伤仪，加大抑制量将使仪器的（　　）变差，不利于当量计算。
　　　　A. 水平线性　　　　B. 垂直线性　　　　C. 分辨率　　　　D. 灵敏度

66. 超声波在材料中传播的速度取决于材料介质的（   ）。
    A. 密度   B. 弹性模量   C. 密度和弹性模量   D. 声波频率

67. A 型显示超声波探伤仪各单元电路的工作是由（   ）协调的。
    A. 同步电路   B. 发射电路   C. 扫描电路   D. 接收电路

68. A 型显示超声波探伤仪，产生高频电脉冲激发探头发射超声波的电路称为（   ）。
    A. 同步电路   B. 发射电路   C. 扫描电路   D. 接收电路

69. 使横波折射角等于 90°的声波入射角称为（   ）。
    A. 第二临界角 B. 第三临界角   C. 纵波反射角   D. 第一临界角

70. 现场探伤作业，某一通道仪器耦合报警，应检查的部位有（   ）。
    A. 探头位置   B. 注水情况
    C. 探头耦合与连接   D. 探头位置、注水情况、探头耦合与连接

71. 钢轨探伤仪在下列性能指标中属于年检的是（   ）。
    A. 水平线性   B. 垂直线性
    C. 距离幅度特性   D. 水平线性、垂直线性、距离幅度特性

72. 钢轨探伤仪在下列性能指标中属于季检的是（   ）。
    A. 水平线性   B. 分辨率   C. 距离幅度特性   D. 稳压性能

73. 钢轨探伤仪属于月检的性能指标是（   ）。
    A. 灵敏度余量   B. 探头楔内回波幅度
    C. 分辨率   D. 距离幅度特性

74. A 型显示超声波探伤仪，把从探头接收的信号进行放大并送往显示电路，该电路为（   ）。
    A. 发射电路   B. 接收电路   C. 显示电路   D. 增辉电路

75. 某探头种类标识为 BM，它表示为（   ）。
    A. 直探头   B. 表面波探头   C. 分割探头   D. 水浸探头

76. 某探头种类标识为 KB，它表示为（   ）。
    A. 可变角探头 B. 表面波探头   C. 分割探头   D. 水浸探头

77. 超声波斜探头，入射点到探头前端的水平距离称为，斜探头（   ）。
    A. 前沿长度   B. 近场长度   C. 入射长度   D. 远场长度

78. 表示超声波探头辐射波束中心轴线与晶片表面不垂直度的术语是波束中埔线（   ）。
    A. 直向角   B. 扩散角   C. 偏向角   D. 入射角

79. 表示超声波探伤系统能够区分横向或深度方向相距最近的两个相邻缺陷的能力的术语是（   ）。
    A. 信噪比   B. 分辨率   C. 脉冲宽度   D. 近距离特性

80. 灵敏度余量是（   ）。
    A. 探伤仪性能指标   B. 探头性能指标
    C. 探伤仪和探头综合性能指标   D. 探伤仪电流的测试标准

二、判断题（1分×20=20分）

81. 无损探伤主要检测被检对象的宏观缺陷。（　）
82. 射线探伤是利用被检物质对射线衰减的不同程度来判别伤损的。（　）
83. 超声波从一种介质进入另一种介质后，其横波声束与界面法线所形成的夹角称为纵波反射角。（　）
84. 钢轨探伤执机人员必须由获得Ⅰ级以上超声探伤技术资格证书的人员担任。（　）
85. 探伤仪发射电路在单位时间产生的脉冲数量称为超声波频率。（　）
86. 在超声波探伤仪中，同步电路是协调其他各部分电路稳定工作的系统。（　）
87. 能够产生高电压脉冲以激发探头工作的电路单元是放大器。（　）
88. 压电材料的正压电效应能使电能转变为机械能。（　）
89. 声波在斜探头斜楔中传播的是纵波。（　）
90. 能够使一种波产生90°折射的入射角称为垂直入射角。（　）
91. 折射角的大小主要取决于声速比。（　）
92. 在水/钢界面上，如水中入射角为7°，在钢中存在的主要振动波形是横波。（　）
93. 如果超声波频率增加，则一定直径晶片的声束扩散角将减小。（　）
94. CSK-1A型试块主要用于斜探头距离一幅度特性的测量和斜探头K值的测试。（　）
95. 在进行距离-幅度特性测试时，应绘制距离-幅度曲线，并计算其dB差值。（　）
96. 在进行距离-幅度特性测试时，应注意各回波高度必须一致。（　）
97. 使用70°探头，探测轨头核伤，若只有二次反射波，说明核伤的倾斜方向和探头声波入射方向垂直。（　）
98. 钢轨探伤中，为了提高检出灵敏度减少杂波干扰，因此接收电路都把"抑制"做得很大。（　）
99. 前37°探头探测第一孔时，假如有一向轨端下斜裂纹，则将依次显示的波形顺序为：螺孔波、轨端顶角反射波、断面鄂部反射波、裂纹波、倒打螺孔波。（　）
100. 轨面鱼鳞状缺陷极易发展成轨头带帽的核伤。（　）

附录二 钢轨探伤高级工技能鉴定理论考核试卷

得分	阅卷人

一、判断题（2分×10=20分）

1. 闪光焊、气压焊中的缺陷主要为面积型是因为它们都属锻造工艺。（   ）
2. 当晶片厚度一定时，选择不同的压电材质所制作的探头频率也不同。（   ）
3. 任一脉冲波都是由很多简谐波叠加而成的。（   ）
4. 声场的扩散引起的衰减与材质没有关系。（   ）
5. 横通孔试块被普遍应用是因为声束不论是垂直入射或斜入射，其反射面积都不变检测结果一致性好。（   ）
6. 探伤工区所配置的实物对比试块可以是所管辖线路上钢轨类型相同的各种伤损轨。（   ）
7. 斜探头楔块前部和上部的消声槽可以消除超声波。（   ）
8. 超声波探伤仪各部分的工作是由同步电路协调的。（   ）
9. 选择探头 K 值时，应考虑缺陷的取向，应尽可能使声束与缺陷垂直。（   ）
10. 化学元素锰属钢轨中的强化元素，可提高钢的硬度。（   ）

得分	阅卷人

二、选择题（2分×10=20分）

11. 缺陷的当量尺寸总是（   ）缺陷的实际尺寸。
    A. 小于   B. 等于   C. 大于   D. 小于或等于
12. 用 2.5 MHz、ϕ20 mm 直探头探伤，200 mm 处 ϕ5 平底孔与 30 mm 处 ϕ2 平底孔的分贝差（   ）。
    A. 15 dB   B. 20 dB   C. 23 dB   D. 26 dB
13. 接触法超声波探伤，对大于声束直径的缺陷，可用（   ）法或叫半波高度法。
    A. 6 dB   B. 相对灵敏度   C. 绝对灵敏度   D. 12 dB
14. 脉冲反射法超声波探伤，对与声束轴线不垂直的缺陷，容易（   ）。

A. 检出伤损　　　B. 造成漏检　　　C. 定量伤损　　　D. A 与 C

15. TB/T 1632.3—2005 规定：铝热焊接头焊筋表面夹渣或夹砂等缺陷的尺寸面积为≤ 20 mm², 缺陷深度≤（　　　）为合格。

A. 1 mm　　　B. 2 mm　　　C. 3 mm　　　D. 4 mm

16. 模数转换器的字长是指一个数字量用几位（　　　）来表示。

A. 十进制　　　B. 八进制　　　C. 十六进制　　　D. 二进制

17. 所谓（　　　）曲线是描述规则反射体距声源的距离、回波高度、当量尺寸三者之间关系的曲线。

A. AVG　　　B. DVG　　　C. BVG　　　D. EVG

18. B 型显示是显示一个（　　　）截面图，将探头在试件表面沿一条线扫查时的距离作为一个轴的坐标，另一个轴的坐标是声传播的时间（或距离）。

A. 二维　　　B. 三维　　　C. 横截面　　　D. 纵剖面

19. 用折射角 45°的斜探头探测钢板中离探测面距离 50 mm 的缺陷，它的回波前沿应显示于测距标尺满刻度 100 mm 声程的（　　　）刻度。

A. 5　　　B. 7　　　C. 3.5　　　D. 10

20. 材料的声速与密度的乘积，可决定超声波在界面上的声压反射率与透过率，这一乘积称为（　　　）。

A. 声阻抗　　　B. 声速　　　C. 波长　　　D. 相位区

得分	阅卷人

三、填空题（2分×10=20分）

21. 在水浸探伤中，探头与工件之间的水距应使二次界面回波显示在_____之后。

22. 超声波探伤，根据底面回波的高度变化，判断试件缺陷情况的方法，称为底面_____。

23. 磁力线与缺陷破裂面_____时不产生磁痕显示。

24. 金属加热以后，破碎的晶粒变为整体的晶粒，变形的晶粒变为等轴的晶粒的过程称为_____。

25. A 型显示钢轨超声波探伤仪接收电路中抑制的作用是_____。

26. 接触法超声波探伤，由于近场区内声束中的声压变化不规则，一般不在近场区中_____。

27. 磁粉探伤为了检出工件表面的微小缺陷，最好选用粒度___的磁粉。

28. 在斜探头距离-幅度对比试块中，可改变的是孔至_____。

29. 钢轨超声波探伤仪目前有_____两种显示方式。

30. 表面波在试件表面传播时，遇有尖锐的棱角则有较大的_____。

得分	阅卷人

四、简答题（5分×4=20分）

31. 超声波斜角探伤扫查方式有哪几种？

32. 在探伤扫查中，探头的扫查幅度怎样确定？

33. 在超声波探伤中，斜探头主要用于探测什么缺陷？

34. 国产钢轨出厂时应有那些标志？

得分	阅卷人

五、计算题（5分×1=5分）

35. 一个垂直性好的探伤仪，荧光屏上波幅为80%，衰减24 dB后波幅为多少？

得分	阅卷人

六、论述题（10分×1=10分）

36. 论述超声波探伤法在钢轨探伤中的应用。

得分	阅卷人

七、绘图题（5分×1=5分）

37. 绘出37°探头探测60 kg/m钢轨轨底中心横向裂纹图形和波形图。

附录三　钢轨探伤工技师技能鉴定理论考核试卷

得分	阅卷人

一、判断题（2分×10=20分）

1. 超声波对直角的声压反射率是随入射角或折射角的变化而变化。（　　）
2. 前37°探头探测第一孔时，假如有一向轨端下斜裂纹，则将依次显示的波形顺序为螺孔波、轨端顶角反射波、断面颚部反射波、裂纹波、倒打螺孔波。（　　）
3. 磁粉探伤中，工件中缺陷与漏磁场方向垂直时漏磁场强度最大。（　　）
4. 钢轨超声波探伤仪探头保护膜的衰减值应不超过6 dB。（　　）
5. 闪光焊和气压焊在顶锻力的作用下使加热后的钢轨端头产生塑性变形、再结晶或扩散等作用形成接头。（　　）
6. 大型钢轨探伤车45°探头主要探测轨腰部分缺陷，尤其是螺孔裂纹，该探头还可探测70°探头漏掉的特殊取向的缺陷。（　　）
7. 探头晶片尺寸增加，半扩散角减少，波束指向性变好，超声波能量集中。（　　）
8. 用试块法调整探伤灵敏度时，为尽量避免补偿，应采用标准试块。（　　）
9. 使用数字探伤仪测试探头分辨率时，测距范围应尽量小。（　　）
10. 核对与轨头侧面不近似垂直的核伤一般采用斜校。（　　）

得分	阅卷人

二、选择题（2分×10=20分）

11. 在远场同直径长横孔之间反射波高差9 dB则声程差（　　）。
    A. 1倍　　　　B. 2倍　　　　C. 1.5倍　　　　D. 3倍
12. 钢轨闪光焊缝中存在的主要缺陷是（　　）。
    A. 光斑、过烧和未焊透　　　　B. 夹砂、气孔、缩孔、疏松、未焊透和裂纹
    C. 灰斑、烧伤和裂纹　　　　　D. 灰斑、过烧和裂纹
13. 在轮轨接触点上，除作用着垂直于轨面的竖向力外，还存在着车轮轮缘作用于轨头侧面上的（　　）。

A. 横向水平力 B. 纵向水平力
C. 垂直力 D. 侧向水平力

14. 钢轨接头是线路上的薄弱环节，车轮作用钢轨接头上的最大惯性力要比其他部位大（　　）左右。
A. 50% B. 60% C. 70% D. 80%

15. 双晶探头用于探测工件（　　）缺陷。
A. 近表面 B. 表面 C. 内部 D. 平面形

16. 同直径的三个平底孔处于同一试块中，但深度分别为 100 mm、200 mm 和 300 mm，在用直探头以相同探伤灵敏度下探测时，回波最高的是（　　）深度上的平底孔。
A. 100 mm B. 200 mm C. 300 mm D. 均为三个不同

17. 利用缺陷当量计算法定量时，其声程应大于（　　）探头近场长度，结果才较准确。
A. 1.5 倍 B. 2 倍 C. 2.5 倍 D. 3 倍

18. 现代计算机处理的对象是（　　）。
A. 二进制数 B. ASCⅡ码 C. 十进制数 D. 电压电流

19. 在超声波探伤中，由于波的传播方向改变使声程增加或由于波型转换后使声速变慢出现的波形通常称为（　　）。
A. 绕射波 B. 迟到波 C. 反射波 D. 折射波

20. 大型钢轨探伤车的显示方式是（　　）显示。
A. B 型 B. A 型 C. A 型和 B 型 D. C 型

得分	阅卷人

三、填空题（2分×10=20分）

21. A 型显示超声波探伤仪荧光屏上时基线是由扫描电路产生的_____形成的。

22. 超声波在介质中传播形成衰减的主要原因有声场扩散、材质散射和_____。

23. JJG（铁道）130—2003《计量检定规程》，适用于钢轨超声波探伤仪的首次检定、后续检定和_____检验。

24. 对离线轨头淬火钢轨，要求轨头奥氏体化加热层形状为_____。

25. 大型钢轨探伤车采用的是美国 SYS-1900 型检测系统，SYS-1900 型系统发射的超声波自 4 个轮式探头中发出，每个轮式探头中有_____换能器。

26. 当纵波反射角为 90°时的横波入射角称为_____。

27. 钢轨探伤仪抑制小时动态范围指标为_____。

28. 一般工件厚度较小时，选用较大的 K 值，以便增加_____的声程，避免近场区探伤。

29. 吸收块的作用是抑制不需要的振动吸收杂散回波，常用_____材料制成。

30. 用手按探头周围的探测面，可阻挡_____波继续传播。

得分	阅卷人

四、简答题（5分×4=20分）

31. 使用通用数字探伤仪为什么要进行声速的标定？

32. 在超声波探伤中常用的耦合剂有哪些？

33. 用石英材料做晶片制作的探头有什么特点？

34. 钢轨折断后，当断缝小于50 mm时，应如何进行紧急处理？

得分	阅卷人

五、计算题（5分×1=5分）

35. 有一钢锻件，厚度为350 mm，用2 MHz直探头发现在距探测面200 mm处有一缺陷回波，比底波低24 dB，求此缺陷相当于多大当量直径的平底孔（钢 c_1 = 5 900 m/s）。

得分	阅卷人

六、论述题（10分×1=10分）

36. 论述超声波绕射能力的大小与障碍物的关系。

得分	阅卷人

七、绘图题（5分×1=5分）

37. 绘出K2.5单探头探测钢轨焊缝轨底角上方小缺陷的探伤方法和波形显示图。

附录四 技能鉴定钢轨探伤工高级技师理论考核试卷

得分	阅卷人

一、判断题（2分×10=20分）

1. 从各个方向都能探测到的缺陷是平面状缺陷。（　）
2. 轨面鱼鳞状缺陷极易发展成轨头带帽的核伤。（　）
3. 70°探头向钢轨内侧偏斜20°探伤时，若只有二次伤波显示，则表明伤损的位置在轨头内侧上角。（　）
4. 钢轨探伤仪某一通道无回波显示，在排除外部的因素外，其故障一定出现在该通道的发射电路中。（　）
5. 对于缺陷定位要求高的情况，探伤仪的水平线性误差要小。（　）
6. 在保证探伤灵敏度的前提下尽可能选用较低的频率。（　）
7. 使用0°探头穿透式探伤方式检查纵向裂纹应尽量提高增益。（　）
8. 曲线上股的鱼鳞伤纵向倾斜角一般为14°～20°。（　）
9. 目前使用的焊缝探伤仪所采用的探头及探伤方法可以基本实现焊缝的全断面探伤。（　）
10. 钢轨探伤仪的动态范围加抑制和不加抑制相同。（　）

得分	阅卷人

二、选择题（2分×10=20分）

11. 微分电路输出的尖脉冲波形的宽度与（　）有关。
    A. R　　　B. C　　　C. $R \cdot C$　　　D. R/C
12. 为有效地发现近表面缺陷和区分相邻缺陷，探伤仪应（　），分辨率好。
    A. 盲区小　　B. 信噪比低　　C. 灵敏度高　　D. 精度低
13. 直探头只能发射和接收纵波，波束轴线垂直于探测面，主要用于发现与探测面（　）的缺陷。

A. 平行   B. 垂直   C. 倾斜   D. 成 90°

14. 为提高耦合效果，在探头与工件表面间施加的一层透声介质称为（ ）。
   A. 耦合剂   B. 斜射   C. 反射   D. 折射

15. 超声波探伤仪测距为横波声程 200 mm，用 0°探头发现钢轨内有一缺陷显示于 4 格，则缺陷距探测面的垂直距离为（ ）
   A. 73 mm   B. 90 mm   C. 120 mm   D. 146 mm

16. TB/T 2658.21—2007 标准规定，探头折射角在 37°~45°时，误差应不超过（ ）。
   A. 1°   B. 1.5°   C. 2°   D. 2.5°

17. 使用 K2.5 探头对钢轨焊缝轨底脚边 40~55 mm 应采用（ ）。
   A. 一次波   B. 二次波   C. 一、二次波   D. 三次波

18. 钢轨探伤仪使用 70°探头的前半扩散角和后半扩散角之间的关系是（ ）。
   A. 前者大于后者
   B. 前者小于后者
   C. 前者等于后者
   D. 1/2 前者等于后者

19. 对于各向同性均匀介质的特定材料、特定波形、声速值可为（ ）。
   A. 常量   B. 变量   C. 极大值   D. 极小值

20. 英文中称（ ）曲线为 DGS 曲线。
   A. AVG   B. DVG   C. BVG   D. EVG

得分	阅卷人

三、填空题（2 分×10=20 分）

21. 在钢轨超声波探伤中，凡发现接头有可疑波形，而探伤人员又无法拆检的应_____拆检或监视。

22. 大型钢轨探伤车的显示方式是 A 型显示和_____显示。

23. 钢轨中的白点、气泡、缩孔、偏析、非金属夹杂等均属于钢轨的_____。

24. 由于钢轨在线余热淬火时轨头全断面处于奥氏体状态，喷风冷却后其淬火层不会呈现_____形状。

25. 输出信号与输入信号的微分成正比的电路，称为_____。

26. 双晶探头用于探测工件_____缺陷。

27. 气压焊分为熔化气压焊和_____两种。

28. 闪光焊和气压焊缝探头频率应选用_____。

29. 当声源是个点状球体时，波阵面的声源中心的球形面波称为_____。

30. 渗透探伤主要用于检测非疏孔性的金属或非金属表面_____缺陷。

四、简答题（5分×4=20分）

31. 在超声波探伤中，缺陷的方向对缺陷反射波的高度有什么影响？

32. 钢轨铝热焊缝中气孔缺陷产生的原因有哪些？

33. 保养检修后的钢轨探伤仪应达到什么标准？

34. 斜探头是通过什么来实现横波探伤的？

五、计算题（5分×1=5分）

35. 已知基准长横孔直径和声程分别为 2 mm 和 200 mm，测得缺陷的声程为 80 mm，缺陷波比基准孔波高 18 dB，求缺陷的当量横孔直径（$\lambda = 2.36$ mm）。

六、论述题（10分×1=10分）

36. 在钢轨探伤中，如何调整好 0° 探头通道的探伤灵敏度？

七、绘图题（5分×1=5分）

37. 画出铝热焊焊缝 0° 探头探伤灵敏度校准图。

附录五　钢轨母材探伤技能鉴定实操考核

一、考核要求

（1）使用钢轨超声波探伤仪检测钢轨母材（有缝线路），对检出的缺陷定位，并填在考卷上。
（2）作业程序正确，应口述作业准备的内容。
（3）安全生产。
① 能正确执行安全技术操作规程。
② 做到工作场地整洁，工具备品摆放整齐。
（4）考核时间：作业 30 min，从开机时起，到关机时止。
（5）劳动组合。
2 人作业，其中考核 1 人，辅助 1 人（未从事钢轨探伤工作的人员）。

二、操作要点及评分标准

操作要点及评分标准见附表 5-1。

附表 5-1　钢轨探伤工钢轨母材探测考核评分表

准考证号＿＿＿＿＿＿＿＿＿＿　姓名＿＿＿＿＿＿＿＿＿＿　单位＿＿＿＿＿＿＿＿＿＿

项目及配分	考核内容及评分标准	扣分因素及扣分	得分
作业准备（10分）	开机前检查工具及备品等 （1）备品：信号旗、口笛、响墩、对讲机。 （2）工具：扳手、手工检查锤、螺丝刀、卷尺、毛笔、白铅油。 每缺一项扣 1 分。考生不检查，考评人员可提示，每提示一次扣 2 分		
检查作业（60分）	1. 校对仪器探伤灵敏度 （1）将仪器抬上钢轨，开机。 （2）首先校对 1、2、3 通道的灵敏度，其次校对 4、5 通道的灵敏度，最后校对 6 通道灵敏度。 未按顺序操作扣 2 分，漏校对一个通道扣 5 分		
	2. 探测结果（以考生试卷为准） （1）判伤：错判一处扣 4 分，漏判一处扣 5 分。 （2）定位：定位不准确每处扣 1 分		

续表

项目及配分	考核内容及评分标准	扣分因素及扣分	得分
结束工作（10分）	1. 不关机扣3分		
	2. 未放净余水扣2分		
	3. 未擦拭仪器扣2分		
	4. 存放仪器时不上锁、不加防护罩扣3分		
	5. 工具、备品未收拾到位每件扣1分		
安全及其他（20分）	1. 仪器推行检查过程中，不得掉下钢轨，每掉下一次扣5分，仪器损坏扣41分		
	2. 不按规定着装扣2分，有不安全因素（仪器后退时探头撞上钢轨接头有掉下钢轨的可能）每次扣2分		
	3. 未按规定做好防护扣5分		
	4. 时间：每超时1 min扣2分，超时5 min停止考核		
合计100分			

考评员签名：　　　　　　　　　　　　　　　　　　　　　　　年　　月　　日

三、钢轨探伤工钢轨母材探测试卷

钢轨探伤工钢轨母材探测试卷

准考证号_____姓名_____单位_____

（1）螺孔裂纹请标记取向（见附图5-1）。

（2）核伤请定出其至轨缝的水平距离并请标记轨头内外（见附图5-1）。

（3）轨底横向裂纹，请标记其至轨缝的水平距离（见附图5-1）。

（4）轨端水平或者斜裂纹请标记其垂直距离（见附图5-1）。

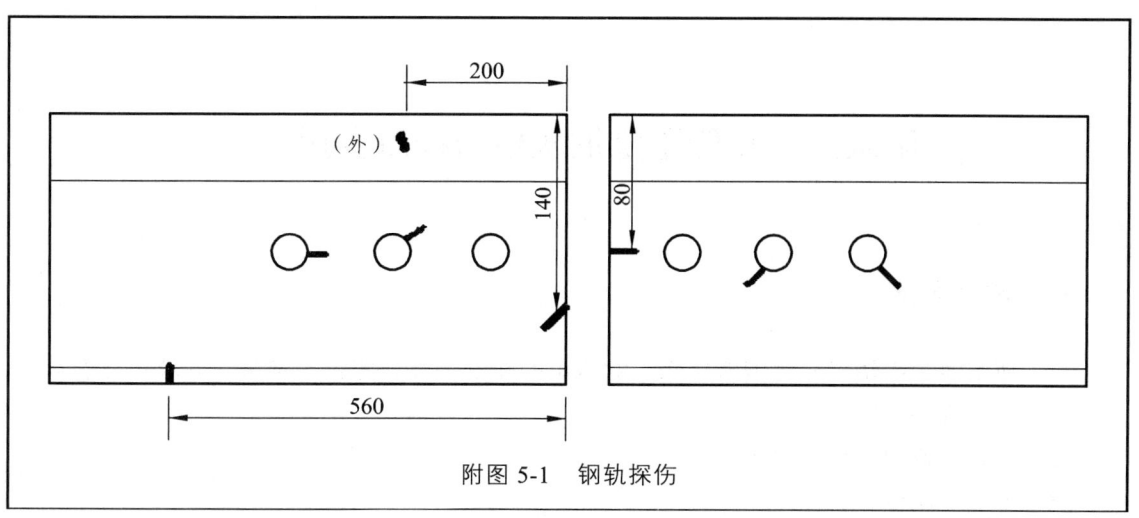

附图 5-1　钢轨探伤

附录六 技能鉴定钢轨核伤校对实操考核

一、考核要求

（1）使用通用探伤仪探测钢轨核伤，对检出的缺陷定性、定位、定量，并填在考卷上。
（2）作业程序正确。
（3）准备作业的内容应口述。
（4）安全文明生产：
① 能正确执行安全技术操作规程。
② 做到工作场地整洁，工具、工件摆放整齐。
（5）考核时间：作业 30 min，从开机时起，到关机时止。
（6）劳动组合
2 人作业，其中考核 1 人，辅助 1 人（未从事钢轨探伤工作的人员）。

二、操作要点及评分标准

操作要点及评分标准见附表 6-1。

附表 6-1 技能鉴定钢轨核伤校核考核评分表

准考证号＿＿＿＿＿＿＿＿＿＿姓名＿＿＿＿＿＿＿＿＿＿单位＿＿＿＿＿＿＿＿＿＿

项目及配分	考核内容及评分标准	扣分因素及扣分	得分
准备作业（10 分）	开机前检查工具、备品（加口述）。 （1）防护用品：信号旗、口笛、响墩、对讲机，每缺一项扣 1 分。 （2）工具：扳手、手工锤、毛笔、白铅油、卷尺、螺丝刀，每缺一项扣 1 分		
检查操作（60 分）	1. 通用探伤仪仪器参数设置，选择错误每处扣 2 分 2. 灵敏度的校对和修正（调节不当扣 2 分） （1）K2.5 探头探测到轨端断面回波达到 80%的基础上，再增加 8 dB 满足仪器不经常报警。 （2）校对探头横向置于轨面上，声束方向朝钢轨外侧。以轨头外侧一次反射波，显示在 2.5~3.0，波高 80%为基准，再增益 14~16 dB 即可。		

续表

项目及配分	考核内容及评分标准	扣分因素及扣分	得分
检查操作（60分）	3. 探测结果（以考生试卷为准） （1）判伤：错判一处扣 30 分；漏判一处扣 30 分。 （2）定位： ① 核伤距轨端距离：超过 3 mm/处时每误差 3 mm 扣 1 分，最多每处扣 10 分。 ② 核伤顶面距轨面的距离误差超过 2 mm/处时每误差 2 mm 扣 1 分，最多每处扣 10 分。 （3）定量： ① 核伤垂直高度误差超过 2 mm/处时每误差 2 mm 扣 1 分，最多每处扣 10 分。 ② 核伤宽度误差超过 2 mm/处时每误差 2 mm 扣 1 分，最多扣 10 分		
结束工作（10分）	1. 不关机扣 3 分		
	2. 未擦拭仪器和探头扣 2 分		
	3. 工具、备品未收拾到位每件扣 1 分		
安全及其他（20分）	1. 不按规定着装扣 2 分，有不安全因素每次扣 2 分		
	2. 未按规定做好防护扣 5 分		
	3. 时间：每超时 1 min 扣 2 分，超时 5 min 停止考核		
合计 100 分			

考评员签名：　　　　　　　　　　　　　　　　　年　　　月　　　日

三、钢轨核伤校核试卷

钢轨核伤校核试卷

准考证号＿＿＿＿＿＿＿＿姓名＿＿＿＿＿＿＿＿单位＿＿＿＿＿＿＿＿

（1）请标记核伤距轨缝的距离 $L1$（见附图 6-1）。

（2）请标记核伤的深度 $H1$（见附图 6-1）。

（3）请标记核伤的高度 $H2$（见附图 6-1）。

（4）请标记核伤的宽度 d（见附图 6-1）。

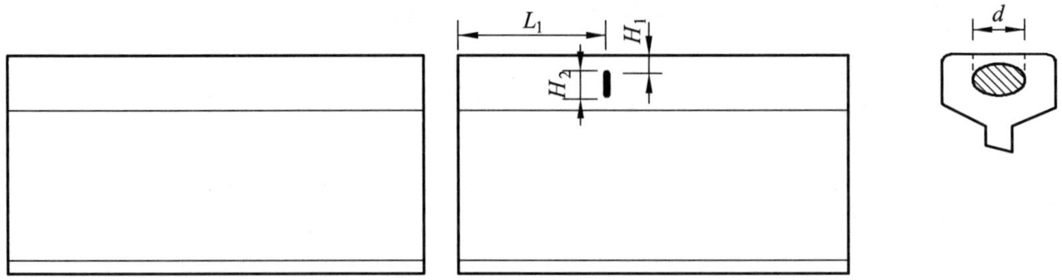

附图 6-1　钢轨探伤

附录七 技能鉴定焊缝单探头探伤实操考核

一、考核要求

（1）使用通用探伤仪探测钢轨焊缝，对检出的缺陷定性、定位、定量，并填在考卷上。
（2）作业程序正确。
（3）准备作业的内容应口述。
（4）安全文明生产：
① 能正确执行安全技术操作规程。
② 做到工作场地整洁，工具、工件摆放整齐。
（5）考核时间：作业 40 min，从开机时起，到关机时止。
（6）劳动组合
2 人作业，其中考核 1 人，辅助 1 人（未从事钢轨探伤工作的人员）。

二、操作要点及评分标准

操作要点及评分标准见附表 7-1

附表 7-1 技能鉴定焊缝探伤考核评分表

准考证号_____姓名_____单位_____

项目及配分	考核内容及评分标准	扣分因素及扣分	得分
准备作业（10分）	1. 开机前检查工具、备品（加口述） （1）防护用品：信号旗、口笛、响墩、对讲机，每缺一项扣 1 分。 （2）工具：扳手、手工锤、毛笔、白铅油、卷尺、螺丝刀。每缺一项扣 1 分		
检查操作（60分）	1. 通用探伤仪仪器参数设置，选择错误每处扣 2 分		
	2. 灵敏度的校对和修正（调节不当扣 2 分）		
	3. 探伤顺序每错一次扣 2 分		
	4. 漏检一个部位扣 41 分		
	5. 缺陷漏判 1 处扣 41 分，错判一次扣 15 分		
	6. 定位读差超过 5 mm 扣 5 分，定量读差超过 3 mm 扣 5 分		
	7. 未填写探伤报告扣 10 分，每漏、错一项扣 2 分		

续表

项目及配分	考核内容及评分标准	扣分因素及扣分	得分
结束工作（10分）	1. 不关机扣3分		
	2. 未擦拭仪器和探头扣2分		
	3. 工具、备品未收拾到位每件扣1分		
安全及其他（20分）	1. 不按规定着装扣2分，有不安全因素每次扣2分		
	2. 未按规定做好防护扣5分		
	3. 时间：每超时1 min扣2分，超时5 min停止考核		
合计100分			

考评员签名：　　　　　　　　　　　　　　年　　月　　日

三、钢轨核伤校核试卷

钢轨核伤校核试卷

准考证号_____姓名_____单位_____

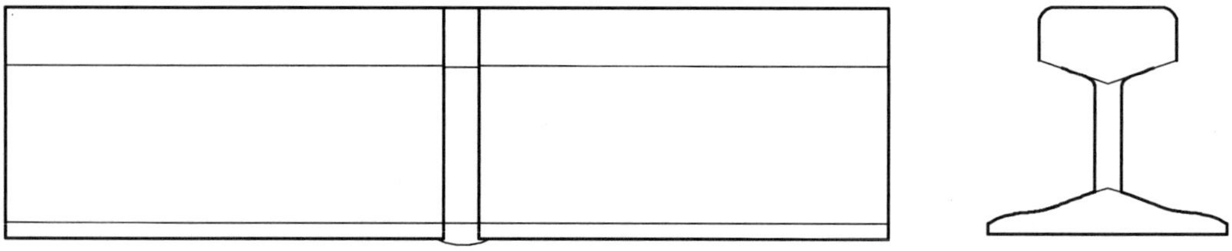

（1）请标记伤损在焊缝中深度 H（见附图7-1）。
（2）请标记伤损在焊缝中水平位置 L（见附图7-1）。
（3）请标记伤损的大小（见附图7-1）。

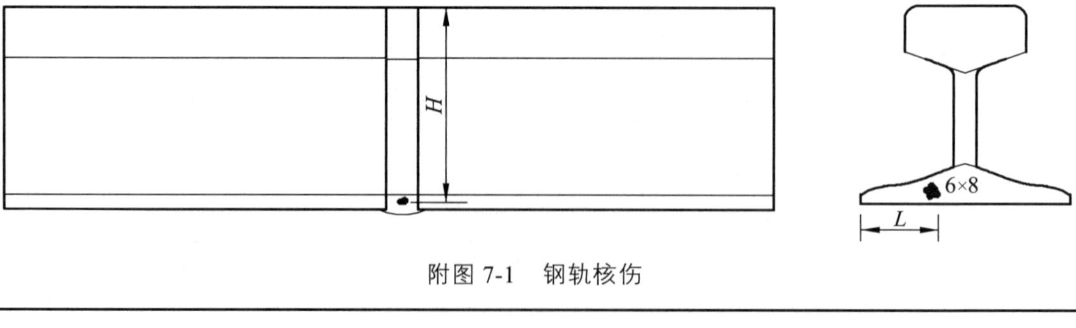

附图7-1　钢轨核伤

参考文献

[1] 马跃平. 铁路探伤工（钢轨探伤）[M]. 北京：中国铁道出版社，2017.
[2] 马占生. 钢轨探伤[M]. 成都：西南交通大学出版社，2014.
[3] 黄祖泽，石复元，钢轨探伤及防断知识[M]. 北京：中国铁道出版社，2015.
[4] 李正中，张文仁，黄祖泽. 钢轨探伤回放分析和伤损图谱[M]. 北京：中国铁道出版社，2014.
[5] 陈春生. 钢轨探伤史话[M]. 北京：中国铁道出版社，2013.
[6] 邹定强. 钢轨失效分析和伤损图谱[M]. 北京：中国铁道出版社，2010.
[7] 中华人民共和国国家铁路局. TB/T 1632.1—2005 钢轨焊接第 1 部分:通用技术条件[S]. 北京：中国铁道出版社，2014.